오백 년 잠자는 조선을 깨우다 경복궁

초판 1쇄 2014년 8월 26일
초판 5쇄 2021년 1월 15일

글 최인화
그림 김태현
추천 유홍준 | **감수** 장재혁
기획 조연진 | **편집** 표유진 | **디자인** 곰곰디자인·조희정
마케팅 강백산, 강지연 | **경복궁 안내 지도** 최보은
펴낸이 이재일 | **펴낸곳** 토토북 04034 서울시 마포구 양화로11길 18, 3층(서교동, 원오빌딩)
전화 02-332-6255 | **팩스** 02-332-6286 | **홈페이지** www.totobook.com | **전자우편** totobooks@hanmail.net
출판등록 2002년 5월 30일 제10-2394호
ISBN 978-89-6496-192-6 73910
© 최인화, 김태현 2014

이 책은 저작권법에 의해 보호를 받는 저작물이므로 무단 전재 및 무단 복제를 금합니다.
잘못된 책은 바꾸어 드립니다.

제품명: 오백 년 잠자는 조선을 깨우다 경복궁 | **제조자명**: 토토북 | **제조국명**: 대한민국 | **전화**: 02-332-6255
주소: 서울시 마포구 양화로11길 18, 3층(서교동, 원오빌딩) | **제조일**: 2021년 1월 15일 | **사용연령**: 8세 이상
* KC 인증 유형: 공급자 적합성 확인
* KC마크는 이 제품이 공통안전기준에 적합하였음을 의미합니다.

⚠ **주의** 책의 모서리에 다치지 않게 주의하세요.

오백 년 잠자는 조선을 깨우다

경복궁

경복궁 땅 밑에는 무엇이 있을까요?

저는 땅속의 유적과 유물을 발굴하는 고고학자입니다. 경복궁에서는 1990년부터 원래의 모습을 되찾기 위한 발굴과 복원 작업이 꾸준히 진행되고 있는데, 저는 2004년부터 경복궁을 발굴하게 되었답니다. 소주방을 시작으로 2010년까지 흥복전과 함화당, 집경당의 행각 그리고 광화문과 그 주변 일대의 발굴 조사를 담당했지요.

처음 발굴 조사를 맡았을 때에는 '경복궁 땅 밑에 뭐가 남아 있겠어?'라고 생각했었어요. 그런데 땅을 파자마자 사라진 경복궁의 여러 흔적들과 유물들이 마구마구 쏟아져 나왔답니다. 아직까지 이런 게 남아 있다니 신기하기도 했지만, 그 많던 건물들이 일제 강점기를 거치며 사라졌다는 사실에 무척 가슴이 아팠지요.

그리고 어느 날 문득, 경복궁에 오는 많은 관광객들을 보며 생각했어요.

"눈앞에 보이는 게 다가 아닌데……. 지금 밟고 있는 땅 밑에 뭐가 있는지 사람들은 알까?"

진짜 경복궁의 모습을 발견하지 못하고 돌아가는 사람들을 보면 안타까운 마음이 들었습니다. 그래서 2009년부터 경복궁의 참모습을 알리기 위해 이 책을 쓰게 되었지요.

이 책의 주인공 덕궁이는 경복궁에 현장 학습을 왔다가 우연히 세자와 장금이를 만나 경복궁의 진짜 모습을 보게 되어요. 또 고고학자 최문화 선생님과 함께 발굴 현장에도 가 보고, 조선 시대로 시간 여행을 떠나 경복궁의 역사도 둘러보지요. 그러면서 경복궁에 숨어 있는 조선의 보물을 발견하게 된답니다. 과연 덕궁이가 발견한 보물은 무엇일까요?

궁금하다고요? 그럼 덕궁이와 함께 경복궁 구석구석을 자세히 살펴보세요. 경복궁이 처음 생긴 조선 시대 이야기부터, 발굴과 복원 작업이 이루어지고 있는 현재 모습까지 경복궁의 모든 역사를 만나고 나면, 여러분도 덕궁이가 발견한 보물을 찾게 될 거예요.

조선 왕조의 역사를 고스란히 간직한 으뜸 궁궐 경복궁, 보물을 찾아 경복궁 여행을 떠나 볼까요?

2014년 5월의 마지막 날
글쓴이 최인화

경복궁의 참모습을 만나요!

경복궁은 조선 왕조가 시작하면서 지금의 서울인 한양을 도읍으로 정하고, 최초로 지은 조선의 대표 궁궐, 즉 법궁입니다. 서울에는 경복궁을 포함하여 다섯 개의 조선 시대 궁궐이 있는데, 각각 용도나 상징하는 의미들이 조금씩 차이가 있습니다. 그러나 기본적으로는 경복궁의 모습을 닮아 있기 때문에 경복궁을 이해하고 알게 된다면 다른 궁궐들도 쉽게 이해할 수 있습니다.

경복(景福)이라는 이름은 삼봉 정도전이 지었는데 그 의미는 '국가와 왕실이 자손 대대로 만년 동안 큰 복을 누리라.'입니다. 태평성대를 바라는 간절한 소망이 담겨 있는 이곳에서 조선 왕조는 빛나는 역사를 꽃피웠습니다. 세종대왕이 한글을 만든 곳도 경복궁이고, 앙부일구, 자격루와 같은 천문 과학 기구들을 발명한 곳도 경복궁입니다. 〈조선왕조 실록〉이나 〈의궤〉 같은 세계 속에 빛나는 조선의 기록 문화가 시작된 곳도 경복궁입니다.

하지만 안타깝게도 임진왜란과 일제 강점기 같은 전란을 거치면서 그 모습을 온전히 보전할 수 없었습니다. 현재 경복궁의 모습은 고종 대에 다시 지은 규모의 사분의 일 정도입니다. 따라서 단순히 눈에 보이는 모습만으로는 경복궁을 백 퍼센트 이해했다고 할 수 없습니다. 고고학자들이 경복궁의 발굴과 복원 작업에 힘을 쏟는 것은 많은 사람들에게 경복궁의 진짜 모습을 보여 주고, 후손들에게 경복궁의 원래 모습을 되찾아 물려주기 위해서랍니다.

추천의 글

경복궁의 건축 역사를 연구하는 전공자로서 경복궁의 참모습을 담은 책의 출간이 반갑고 기쁩니다. 무엇보다 경복궁의 유적과 유물을 발굴했던 고고학자로 그 누구보다 경복궁의 본래 모습을 잘 알고 있는 최인화 선생님의 책이라는 점이 뜻깊습니다.

여러분, 이 책을 읽으며 경복궁의 참모습을 만나 보세요. 우리의 전통과 역사가 살아 숨 쉬는 궁궐에서 선조들의 문화를 직접 체험하는 멋진 경험이 될 거예요.

2014년 6월의 마지막 날
감수자 장재혁

차 례

- 2 경복궁 땅 밑에는 무엇이 있을까요? _{작가의 글}
- 4 경복궁의 참모습을 만나요! _{추천의 글}
- 6 우리와 함께 경복궁 보물을 찾으러 떠나요!

- 14 〈경복궁의 건물〉 세자와 함께 궁궐 구석구석을 돌아봐요
- 38 〈경복궁의 사람들〉 장금이와 함께 궁궐 사람들을 만나요
- 52 〈경복궁의 발굴과 복원〉 고고학자와 함께 소주방의 흔적을 찾아요
- 64 〈경복궁의 역사〉 경복궁에서는 어떤 일이 있었을까요?

- 88 경복궁의 국보와 보물 _{부록}
- 92 궁궐 사람들이 만든 빛나는 문화 _{부록}
- 94 연표로 보는 경복궁의 역사 _{부록}
- 97 한눈에 보는 경복궁 안내 지도 _{별책 부록}

우리와 함께 경복궁 보물을 찾으러 떠나요!

흠흠, 나는 조선의 세자야. 세자가 이름이냐고? 어휴, 세자는 장차 조선을 이끌어 나갈 왕자를 부르는 호칭이라고! 앞으로 나를 만나면 '세자 저하' 하고 정중히 인사하도록!

어린이 여러분, 안녕? 나는 고고학자 최문화 선생님이야. 땅속에 숨겨져 있는 유적을 발굴해서 세상에 소개하는 멋진 일을 하지. 차차 알게 되겠지만 경복궁에서 어마어마한 보물도 발굴했단다!

반가워! 나는 장금이야. 소주방에서 일하는 견습 나인이지. 내가 하는 일은 천천히 설명하도록 하고, 꼭 내 이름을 기억해 둬. 언젠가 조선 최고의 요리사가 될 거니까!

나는 윤덕궁! 대한초등학교에 다니고 있어. 오늘 친구들과 함께 경복궁으로 현장 학습을 왔지.

선생님이 해태가 지키고 있는 경복궁의 정문 광화문 앞에서 만나자고 하셨는데……. 여기가 맞나?

덕궁이네 반 아이들이 모두 광화문 앞에 모였어요. 담임 선생님께서 특별한 선생님 한 분을 소개해 주셨지요.

담임 선생님   얘들아, 오늘 우리의 경복궁 현장 학습을 도와주실 최문화 선생님이셔. 모두 큰 소리로 인사!

아이들   안녕하세요?

고고학자   안녕! 나는 경복궁의 발굴과 복원을 맡고 있는 고고학자*야. 오늘 하루 너희가 경복궁 구석구석을 돌아보며 우리나라의 역사를 배울 수 있도록 도와줄게.

덕궁이   여, 여, 역사요?

고고학자   하하, 너는 역사를 싫어하는구나? 이름이 뭐니?

★ 고고학자 : 유물과 유적을 통해 옛 인류의 생활, 문화 등을 연구하는 사람

덕궁이 윤덕궁이에요.

고고학자 꼭 궁궐 이름 같네. 아마 덕궁이 말고도 유물, 유적, 문화재, 역사 이런 말만 들어도 머리가 지끈지끈 아픈 친구들이 있을 거야. 하지만 경복궁은 아주 재미있고 멋진 곳이란다. 우선 경복궁에 대해 간단히 알아 볼까?
경복궁은 1395년(태조 4년)에 세워진 조선 최초의 궁궐이자 으뜸 궁궐이야. 임진왜란 때 건물들이 모두 불에 타 없어졌지만, 고종 때 다시 일으켜 세워 예전의 모습을 되찾았단다. 그러나 30여 년 뒤 일제의 침략으로 또다시 훼손되고 말았어. 지금은 꾸준한 복원을 통해 옛 모습을 조금씩 되찾고 있는 중이란다.

덕궁이   어휴, 역시 어려워요. 놀이동산에 갔으면 훨씬 재미있을 텐데…….
고고학자   덕궁아, 선생님을 한번 믿어 보렴. 오늘은 특별히 경복궁 퀴즈 대회를 열어 볼까 해. 분명히 재미있을 거란다.

도전! 경복궁 퀴즈왕!

표시된 곳을 찾아가 모든 문제를 푼 오늘의 퀴즈왕에게는 아주 특별한 선물이 기다리고 있습니다.
단 ❻의 경우 직접 장소를 찾아보세요.

❶ 경복궁 으뜸 건물의 이름은 무엇일까요?

힌트: 이곳은 경복궁의 중심으로 왕실의 중요 행사가 열리는 곳이에요. 황룡이 있는 곳이지요.

❷ 아침부터 밤까지 백성을 위한 연구! 연구! 연구! 조선 최고의 공부 벌레 왕은 누구일까요?

힌트: 집현전 학자들과 훈민정음을 창제하고, 과학 기술 발달에 힘썼어요.

❸ 궁궐의 깊숙한 곳에 숨어 있는 꽃향기 가득한 산은 어디일까요?

힌트: 산속에 굴뚝이 있어요. 왕비의 후원과 관련이 있지요.

❹ 동궁전의 주인은 누구일까요?

힌트: 동궁이 곧 이 사람을 뜻해요. 조선의 내일을 위해 동궁전에서 매일매일 글공부를 하지요.

❺ 경복궁에서 가장 군침 도는 곳은 어디일까요?

힌트: 오늘날의 부엌이에요. 수많은 요리사들이 맛있는 음식을 만들어요.

❻
조선의 시작부터 마지막까지, 모든 역사를 고스란히 간직한 이곳은 어디일까요?

힌트: 이곳에는 조선 왕실의 수많은 보물이 숨어 있어요.

경복궁의 건물

세자와 함께
궁궐 구석구석을 돌아봐요

덕궁이는 첫 번째 문제를 풀기 위해 궁궐 안으로 향했어요.
그러다가 돌다리 아래에 있는 동물 조각상을 발견했어요.
"무슨 동물이지? 진짜 이상하게 생겼다!"
덕궁이는 가던 길을 멈추고 한참 동안 조각상을 구경했습니다.
그사이 함께 있던 친구들은 모두 어디론가 사라져 버리고,
자신을 세자라고 말하는 한 아이가 덕궁이 앞에 나타났어요.

덕궁이   괴상하게 생긴 동물을 왜 다리 밑에 만들어 놓았을까?
세자   하하하, 그것도 모르니?
덕궁이   어이쿠, 깜짝이야! 넌 누구니?
세자   감히 조선의 세자에게 너라고?
덕궁이   네가 세자라고? 크크, 그러고 보니 옷차림도 이상하고 재미있는 아이네. 그건 그렇고 넌 저 조각상을 왜 만들어 놓았는지 안다는 거야?

세자	당연하지! 금천*을 지키기 위해 만들었지. 난 경복궁에 대해 모르는 게 없다고!
덕궁이	너 혹시 경복궁에서 일하는 애니? 잘됐다. 나 경복궁 퀴즈 푸는 것 좀 도와주라. 더 멋지고 재미있는 곳이 얼마나 많은데 경복궁 현장 학습이라니! 정말 너무하지 않니?
세자	경복궁보다 더 멋진 곳이 있다고? 설마! 조선 팔도에 경복궁만큼 근사한 곳은 없어. 조선의 세자로서 가만히 있을 수 없지. 현장 학습이 뭔지는 잘 모르겠지만 경복궁에 관한 거라면 내가 도와줄게.
덕궁이	정말? 지도에 표시된 곳에 가서 정답을 찾는 건데, 첫 번째 문제는 '경복궁 으뜸 건물의 이름은 무엇일까요?'야.
세자	아주 식은 죽 먹기잖아! 자, 날 따라와.

★ 금천 : 좋은 기운은 지키고, 나쁜 기운은 궁궐 밖에서 들어오지 못하게 막는 상징적 역할을 하는 궁궐 안 개천

● 세자는 누구일까?

세자는 장차 왕의 자리를 이어받을 왕의 아들로 '왕세자'라고도 해요. 일정한 나이가 되면 세자 책봉례를 치르고 왕의 후계자로 인정받게 됩니다.

품계석

● 근정전 조회

근정전 조회에는 한양(옛 서울의 이름)에 살고 있는 벼슬아치들이 참여해요. 벼슬의 등급인 품계가 새겨진 품계석 앞에 정1품부터 정9품까지 각자의 직위에 따라 자리했어요.

덕궁이	사람들도 많고, 건물도 정말 크다!
세자	여기는 근정전이야. 지금 벼슬아치들이 아바마마께 문안 인사를 드리고, 나랏일을 보고하는 조회가 열리고 있어. 외국에서 사신이 오면 공식적으로 맞는 행사도 이곳 근정전에서 열려.
덕궁이	아, 근정전은 정말 중요한 곳이네.
세자	그럼, 이곳에서 우리 아바마마의 즉위식★도 열렸는걸. 또 왕실 가족의 중요한 행사도 대부분 이곳에서 열려. 왜냐하면…….
덕궁이	잠깐! 내가 맞혀 볼게. 왜냐하면 근정전은 경복궁에서 가장 중요한 으뜸 건물이니까! 맞지?
세자	그래, 정답이야! 근정전은 왕의 권위와 힘을 상징하는 경복궁의 으뜸 건물이야.

★ 즉위식 : 왕이 될 사람이 공식적으로 왕의 자리에 오르는 의식

● **황룡을 지켜라!**

근정전 내부 천장에는 황룡이 있어요. 근정전 황룡은 세상을 다스리는 상상의 동물로, 왕을 상징하지요.
근정전 주변에는 사방을 지키는 사신인 청룡, 백호, 주작, 현무와 함께 방향과 시간을 맡아 지키는 십이지신 중 개와 돼지를 뺀 호랑이, 말, 뱀, 소, 토끼, 쥐, 닭, 원숭이, 양 석상이 있어요. 이 동물들은 황룡을 지키고 근정전에 나쁜 기운이 들지 못하게 하는 수호 동물들이랍니다. 개와 돼지가 빠진 이유는 당시 사람들이 두 동물을 천하게 여겼기 때문이에요.

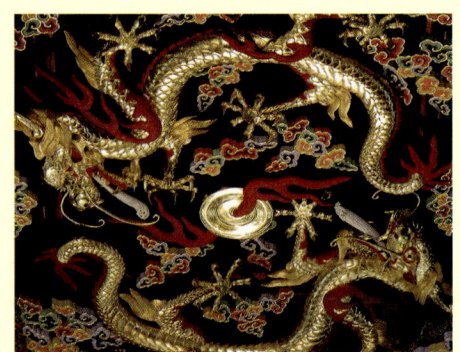

근정전 황룡 장식

세자	이제 사람들 눈에 띄지 않게 건물 안으로 들어가자.
덕궁이	밖에서 봤을 때는 이 층짜리 건물 같았는데 안에서 보니 층 구분이 없네. 역시, 으뜸 건물답다. 의자부터 달라. 그림도 멋지고!
세자	저 의자를 가리켜 어좌라고 해. 왕의 자리라는 뜻이지. 어좌 뒤에 있는 그림은 일월오봉도인데, 그림 속 해는 왕, 달은 왕비, 산봉우리는 조선의 땅, 소나무는 충신, 파도는 조정을 뜻해.
덕궁이	왕이 조선의 땅을 비추는 그림이네!
세자	그렇지! 해가 왕이라는 것은 하늘을 대신해 백성들을 다스린다는 뜻이야. 그렇기 때문에 백성들은 왕을 하늘처럼 우러러보며 충성을 다하고, 왕은 늘 백성과 나라의 평안을 생각해야 해.
덕궁이	아, 역시 왕은 훌륭한 분이구나! 그럼 이제 슬슬 두 번째 정답을 찾아볼까?
세자	어렵다고 투덜대더니?
덕궁이	헤헤, 세자랑 함께 푸니까 어렵지 않네.

● **지붕 위에서 왕을 지키는 잡상**

근정전 추녀마루에는 흙으로 구운 작은 장식물 7개가 있어요. 서유기의 주인공인 삼장 법사, 손오공, 저팔계, 사오정 등을 만든 이것을 가리켜 '잡상'이라고 해요. 옛날 사람들은 건물 위에 잡상을 만들어 놓으면 악귀와 화재를 막을 수 있다고 믿었어요. 그래서 근정전 말고도 궁궐의 주요 건물 지붕 위에 적게는 3개, 많게는 11개의 잡상을 만들어 놓았지요. 이때 잡상의 개수는 보통 홀수로 만들었답니다.

근정전 잡상

● **정전, 편전, 침전**

정전 : 근정전과 같이 왕이 공식적으로 신하들을 만나 조회, 의식, 연회 등 주요 행사를 치르는 공간이에요.
편전 : 왕이 평상시에 업무를 보던 곳으로 신하들과 회의를 하거나 공부를 하던 공간이에요. 경복궁의 사정전이 대표적인 편전이지요.
침전 : 왕과 왕비가 잠을 자는 공간이에요. 경복궁의 강녕전과 교태전이 침전이에요.

● **외전, 내전**

외전 : 왕이 신하들과 나랏일을 보거나 국가 행사가 열리는 공간으로, 정전과 편전이 이에 속해요.
내전 : 왕과 그 가족이 생활하는 공간으로 침전이 이에 속해요.

세자와 함께 궁궐 구석구석을 돌아봐요

덕궁이   질문은 '아침부터 밤까지 백성을 위한 연구! 연구! 연구! 조선 최고의 공부 벌레 왕은 누구일까요?'야. 지도에는 이곳에 표시되어 있어.

세자   음, 아바마마의 집무실 사정전인데……. 일단 가 보자.

세자   여기가 사정전이야. 아바마마는 이곳에서 주요 신하들과 회의를 하고 정치나 행정 업무를 처리하셔.

덕궁이   이건 뭐야?

세자   해시계! 아바마마가 장영실에게 특별 지시를 내려 만든 발명품이야. 해의 움직임에 따라 그림자가 달라지잖아? 그 원리를 이용해서 시간을 알 수 있어. 우리 아바마마는 정말 대단하셔. 한자를 어려워 하는 백성들을 위해 집현전 학자들과 훈민정음도 만드셨어. 말 나온 김에 집현전도 구경 시켜 줄게. 따라와.

세자   이곳이 조선 시대 최고 학자들이 모여 다양한 분야의 학문을 연구하는 곳, 집현전이야. 아바마마와 함께 밤낮 없이 연구해 백성들도 쉽게 읽고 쓸 수 있는 조선의 글자, 훈민정음을 만들었지.

덕궁이   너희 아바마마가 누구신데?

세자   세종대왕! 왜?

덕궁이   아, 맞다! 내가 왜 이 생각을 못했을까? 두 번째 질문의 답은 세종대왕이었어! 힌트에 집현전 학자들과 훈민정음을 창제하고, 과학 기술을 발달시킨 왕이라고 나와 있었거든. 근데 가만……, 네가 세종대왕의 아들이라고? 하하하, 너 진짜 웃긴다!

세자   우리 아바마마를 아바마마라고 하는데 뭐가 웃겨? 어쨌든 집현전에는 나를 가르치는 스승님도 계시니, 빨리 자리를 뜨자. 책 안 읽고 돌아다닌다고 걱정하실 거야.

● 집현전 학자들은 무슨 일을 했을까?

집현전은 고려 시대에 만들어진 왕실의 연구 기관이에요. 조선이 세워진 뒤에도 명맥을 유지하다가 세종대왕이 최고의 학자들을 모아 확대, 개편했어요. 집현전 학자들은 왕의 연구를 돕고, 다양한 분야의 학문을 연구했으며, 도서를 수집하고 보관하는 일을 했어요. 세자를 교육하고 과거 시험을 주관하기도 했지요. 이후 세조 2년(1456년)에 폐지되었습니다.

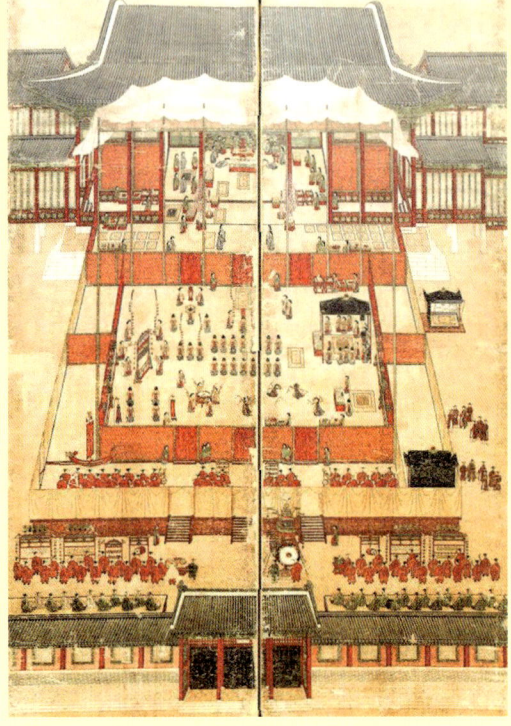

<무진진찬도병>

복원된 강녕전의 모습

● 강녕전과 월대

강녕전은 가운데 대청을 중심으로 양쪽에 온돌방을 두었어요. 그리고 대청 앞쪽으로 넓고 평평한 단인 월대가 있는 것이 특징이에요. 이 월대는 각종 행사나 의례를 행하는 공간으로 쓰였어요.

● 강녕전의 본래 모습을 찾아라!

<무진진찬도병>에는 강녕전의 옛 모습이 고스란히 담겨 있어요. 1868년 12월 6일 당시 왕이었던 고종의 양어머니 신정 왕후의 회갑 잔치 모습을 그린 그림이에요. 이 잔치에는 왕과 왕실 사람들만이 참석했다고 합니다.

강녕전 일대는 일제 강점기에 모두 철거되어 공터로 남아 있었어요. 1990년에서 1991년에 진행된 발굴 조사를 통해 그림 속 강녕전의 흔적들을 찾아 옛 모습 그대로 다시 지었답니다.

덕궁이	궁금한 게 있어. 궁궐에는 왕이 쉬는 곳은 없어? 하루 종일 근정전에서 신하들과 나랏일을 하고, 사정전이나 집현전에서 학자들과 연구도 해야 하잖아. 왕은 정말 힘들 것 같아.
세자	설마 쉬는 곳이 없을까? 자, 따라와.
세자	여기는 아바마마가 바쁜 시간을 쪼개어 휴식을 취하거나 주무시는 곳, 강녕전이야. 쉰다고 해도 보통 책을 읽으시지만 말이야.
덕궁이	책을 읽는다고? 쉴 때는 텔레비전 보는 게 최고인데!
세자	텔레비전이라는 게 잔치 구경만큼 재미있는 거야? 아바마마는 가끔씩 할마마마나 어마마마를 위해 강녕전 앞마당에서 잔치를 여셔. 마루에 앉아 악공들의 연주와 무녀들의 춤을 감상하는 일은 정말 재미있어.
덕궁이	너네 집에는 텔레비전 없구나? 그래도 모르는 건 조금 심했다. 텔레비전에선 가수 형, 누나들이 신 나는 춤을 추고 노래를 불러. 이따가 텔레비전 보러 우리 집에 놀러 갈래?
세자	진짜? 몰래 나가면 혼날 텐데……. 그럼 어마마마에게 여쭤보고 가자.
덕궁이	일단 문제는 풀어야지. 세 번째 질문은 '궁궐 깊숙한 곳에 숨어 있는 꽃향기 가득한 산은 어디일까요?'야.
세자	하하, 어차피 우린 어마마마가 계신 교태전으로 가야 해.

● 왕비는 어떤 일을 했을까?

왕비는 왕의 배우자로 중전이라고도 해요. 왕비는 나라의 어머니와 같았지요. 왕이 하늘을 상징한다면 왕비는 땅을 상징한답니다. 왕비에게는 왕의 자리를 이을 세자를 낳아야 하는 막중한 임무가 있었어요. 이는 왕비의 일 중 가장 중요한 일이었지요. 나라가 안정되기 위해서는 왕비가 낳은 왕자가 왕위를 이어야 했거든요. 또 왕실 어른들을 보필하고, 왕실 자녀들의 교육과 혼례를 챙겨야 했어요. 궁녀들을 관리하고 감독하는 일도 왕비의 일이었지요. 조선 시대의 몇몇 왕비들은 왕이 일찍 죽어 어린 세자가 왕위를 이으면, 어린 왕을 도와 정사를 돌보기도 했답니다.

세자	어마마마가 안 계셔서 허락을 못 받았어.
덕궁이	할 수 없지 뭐. 다음에 꼭 놀러 와. 언제든지 환영이야.
세자	정말? 꼭이야, 꼭! 약속한 거다!
덕궁이	그래, 약속! 그나저나 교태전은 굉장히 화려하다. 담도 예쁘고…….
세자	어마마마가 생활하시는 곳이니까. 교태전은 경복궁에서 가장 깊숙한 곳에 화려하고 아름답게 지었어.
덕궁이	어, 건물 밑에 작은 문이 있어. 혹시 비밀 통로?
세자	비밀까지는 아니고 교태전 아궁이에 불을 때기 위해 일꾼들이 드나드는 통로인데, 아미산으로 연결되어 있어.
덕궁이	잠깐! 산이라고? 혹시 세 번째 문제의 답이 아닐까? 궁궐의 깊숙한 곳에 숨어 있는 산을 찾는 문제잖아. 산속에 굴뚝이 있다고 했는데…….
세자	아까는 나보고 다 알려 달라더니 이젠 알아서 척척인데!

● 왕비의 마음이 머무는 곳, 아미산

아미산은 교태전 뒤뜰에 있는 작은 후원이에요. 신비로운 신선의 세계를 상상해서 만든 아미산은 '미인의 눈썹'이라는 뜻을 갖고 있어요. 아미산은 4단의 꽃 계단으로 이루어져 있는데, 모란, 진달래, 해당화 등 온갖 꽃이 피고, 사이사이 있는 기이한 모양의 돌이 신비로움을 더해요. 또 연못을 상징하는 돌 수조 3개가 있고, 맨 위에는 푸르고 울창한 숲도 있지요. 장수를 비는 갖가지 동물과 식물이 아름답게 새겨진 굴뚝도 있답니다.

● 아미산 굴뚝은 어디에 쓰였을까?

발굴 조사 당시 발견된 연기 통로와 굴뚝

1992년 경복궁 발굴 조사 때 교태전 아궁이와 아미산 굴뚝까지 연결된 연기 통로가 발굴되었어요. 우리 조상들은 부뚜막신이 아궁이를 통해 신선 세계와 현실 세계를 드나든다고 생각했답니다. 혹시 교태전 아궁이와 연결된 아미산 굴뚝은 신선들이 드나드는 문이 아니었을까요?

덕궁이 : 세상에! 궁궐 안에 이런 곳이 있다니, 정말 멋지다.
세자 : 응. 아미산은 어마마마의 화원이야. 교태전에서 바라보면 얼마나 아름다운데!
덕궁이 : 예쁜 굴뚝도 있네? 역시 세 번째 문제의 정답은 아미산이었어!
세자 : 하하, 맞았어. 아미산은 우리 아바마마가 만드셨는데, 불의 기운을 억눌러 화재를 예방하는 상징적인 역할을 해. 아미산에 있는 굴뚝은 교태전 아궁이와 연결되어 있어. 굴뚝에 새겨진 불가사리와 해치가 바로 불을 잡아먹는다고 알려진 상상의 동물이야.
덕궁이 : 그런 깊은 뜻이 있었어? 경복궁이 다르게 보이는걸.
세자 : 이제야 경복궁의 진가를 알아보기 시작했구나? 왕세자로서 가만히 있을 수 없지. 기특한 백성에게 상을 주는 의미로 특별히 경복궁에서 내가 제일 좋아하는 곳을 소개해 줄게.

● **하늘과 땅이 조화를 이루고 있는 곳, 경회루**

경회루는 48개의 높고 튼튼한 돌기둥 위에 마루를 깔고, 그 위에 나무 기둥과 지붕이 있는 누각이에요. 바깥쪽에 세워진 돌기둥은 네모나고, 안쪽에 세워진 돌기둥은 둥글지요. 이것은 네모난 땅과 둥근 하늘을 뜻해요. 마룻바닥은 중앙에 높은 3칸을 만들고, 중앙 바깥쪽으로 그보다 한 뼘 정도 낮은 12칸, 다시 그 밖으로 한 뼘 낮게 20칸을 만들었어요. 중앙의 높은 3칸은 하늘과 땅과 사람을 뜻하고, 그 주변의 12칸은 1년 12달을 뜻해요.
또 바깥쪽의 20칸에는 24개의 나무 기둥이 세워져 있는데, 절기를 뜻하지요.

●**경회루 잡상**

근정전 추녀마루에 7개의 잡상이 있었던 것 기억하나요? 경회루 추녀마루에는 모두 11개의 잡상이 있어요. 이는 우리나라 궁궐 건물 중에서 가장 많은 수랍니다.

●**경회루에 사는 용**

1997년 경회루 연못에서 청동으로 만든 용이 발견되었어요. 이는 물과 불을 다스리라는 의미로 경회루 연못에 넣어 둔 것이에요.

경회루 연못 출토 청동용

덕궁이	우아, 여기 진짜 멋있다. 연못 위에 건물이 떠 있는 것 같아.
세자	여기는 경회루야. 외국 사신이 오면 큰 잔치를 여는 곳이지. 왕의 초대 없이는 들어올 수 없는 특별한 곳이니까, 우리가 여기 온 것은 절대 비밀이다.
덕궁이	응, 우리 이 층에 올라가 보자.
세자	야, 조심해! 그렇게 뛰어다니다가 들켜도 난 몰라.
덕궁이	우아, 세상에! 경복궁이 한눈에 내려다보여. 어? 그런데 이상하다. 경복궁에 이렇게 건물이 많았나?
세자	당연하지. 조선 제일의 궁궐인걸. 경회루는 인공 연못 위에 사방을 바라볼 수 있도록 높이 지었어. 저 연못에서 뱃놀이도 할 수 있어. 그런데 덕궁아, 아쉽지만 나 이제 공부하러 비현각으로 가야 해.
덕궁이	나도 같이 갈래!

● 세자의 하루는 공부! 공부! 또 공부!

세자는 아침, 저녁으로 왕실 어른들에게 문안 인사를 드리고 그 외 시간에는 공부를 했어요. 왕이 되기 전까지는 정치를 할 수 없었기 때문이에요. 세자의 교육은 영의정을 비롯한 세자시강원의 관료들이 담당했어요. 세자는 이들과 함께 식사 시간을 제외하고는 아침 공부인 조강, 낮 공부인 주강, 저녁 공부인 석강을 연이어 해야 했답니다.

● 세자는 무슨 공부를 했을까?

세자가 책봉되면 세자의 교육을 맡아보는 관아인 세자시강원이 설치되고, 학문이 뛰어난 신하가 스승이 되어 세자를 가르쳤어요. 어렸을 때에는 기본 예절과 인격을 배우고, 이후 왕으로서 나라를 통치할 수 있는 능력과 어진 마음을 키웠습니다.

● 성균관에 입학하다

세자의 교육은 세자시강원에서 담당했지만, 조선 시대 최고의 교육 기관인 성균관에 입학하는 의식을 형식적으로 거행했답니다.

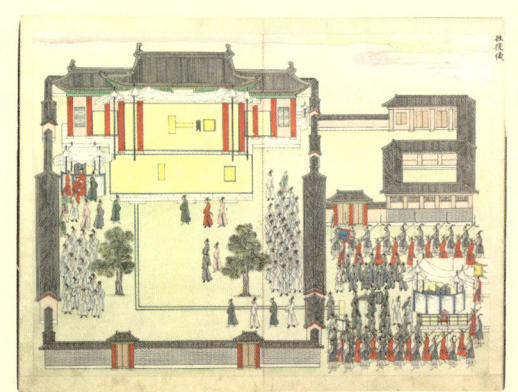

<왕세자 입학도>

세자   그럼, 스승님 오시려면 시간이 조금 남았으니까 비현각이랑 자선당 구경시켜 줄게. 같이 가자.

덕궁이   히히, 고마워!

세자   오른쪽에 보이는 건물이 비현각인데, 내가 공부를 하는 곳이야. 왼쪽은 자선당, 잠도 자고 쉬기도 하는 곳이지. 자선당과 비현각을 아울러서 동궁전이라고 해. 세자는 나라의 내일이고, 떠오르는 해라 하여 해 뜨는 동쪽에 동궁전을 지었대.

덕궁이   뭐? 동궁전? 그럼 세자가 동궁전의 주인이야? 네 번째 문제 답이 너라고? 지도에 표시된 곳이 이곳 맞는지 한번 봐 줘.

세자   어휴, 정신 없어. 질문이 뭔데?

덕궁이   '동궁전의 주인은 누구일까요?' 동궁이 곧 이 사람을 뜻한대. 매일매일 글공부를 하고! 너 맞지?

세자   진짜? 정말 내가 정답이네. 왕실 어른들은 나를 동궁이라고 부르기도 하셔. 그런데 더 지체하면 정말 글공부 시간에 늦겠다. 다음에 경복궁에 오면 동궁전에 와서 날 찾아. 너희 집에도 같이 놀러 가자.

덕궁이   응, 또 놀러 올게. 공부 열심히 해.

경복궁 건물 이름에 숨겨진 뜻을 찾아서!

'경복궁'이란 이름은 '큰 복을 누리다.'라는 뜻으로 조선 왕조의 태평성대를 바라는 마음이 담겨 있어요. 1395년 (태조 4년)에 조선 건국의 일등 공신인 정도전이 지었답니다. 정도전은 경복궁 안에 있는 주요 건물에도 고유의 이름을 지었는데, 이름에는 각 건물의 쓰임과 특색에 맞는 의미가 담겨 있지요.

이후 세종대왕과 같은 왕들도 경복궁에 새 건물을 세울 때마다 건물에 멋진 이름을 지어 붙였어요. 때로는 예전에 붙여 준 이름을 바꾸기도 했고요.

건물 이름에 담긴 뜻을 알면 그 건물의 성격을 이해하는 데 큰 도움이 되겠지요? 한자 이름이 어렵게 느껴질 테지만 그 안에 담긴 뜻을 알고 경복궁을 돌아본다면, 한결 재미있을 거예요.

- **경회루**에는 '왕과 신하가 덕으로 만난 경사스러운 잔치'라는 뜻이 담겨 있어요.

- **사정전**은 왕이 평상시 거처하며 정사를 살피는 편전으로 '깊이 생각하여 정사를 돌보라.'라는 뜻을 지녔습니다.

- **흥례문**은 '예를 일으켜 세우다.'라는 뜻이에요. 정도전이 '정문'이라 한 것을 세종대왕이 '홍례문'으로, 고종이 '흥례문'으로 고쳐 불렀습니다.

- **교태전**은 세종대왕이 지은 이름으로 '하늘과 땅이 잘 어울려 음양이 조화를 이루고 태평을 이루다.'라는 뜻이 담겨 있어요.

- **강녕전**은 왕의 침전으로 '편안하고 건강하다.'라는 뜻이에요. 왕의 안녕을 바라는 이름이지요.

- **근정전**은 조회와 국가 의식이 거행되는 곳으로 경복궁에서 가장 중요한 곳이에요. '정치를 부지런히 한다.'라는 뜻이 담겨 있지요.

- **자선당**은 세자의 침전으로 '착한 성품을 기른다.' 라는 뜻을 지녔어요.
  비현각은 세자가 글공부를 하는 곳으로 '덕을 크게 밝히고, 가르침을 크게 드러내다.'라는 뜻을 가지고 있답니다. 두 곳 모두 세자가 어진 왕으로 바르게 성장하길 바라는 마음이 담겨 있지요.

- **광화문**은 경복궁의 정문으로 '왕의 큰 덕이 온 나라를 비춘다.'라는 뜻을 지녔어요. 처음에는 경복궁 남문이라 하였으나, 후에 세종대왕이 '광화문'으로 고쳐 불렀답니다.

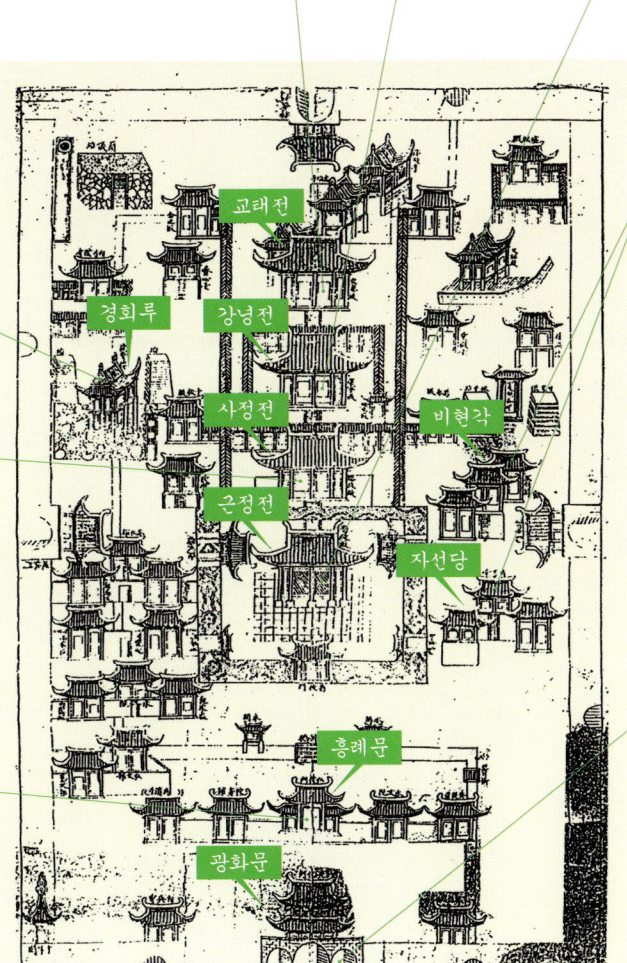

<경복궁도>

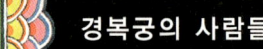 경복궁의 사람들

장금이와 함께 궁궐 사람들을 만나요

세자와 헤어진 덕궁이는 어디로 가야 할지 몰라
궁궐 여기저기를 돌아다니다가 길을 잃고 말았어요.
"어휴, 힘들어. 도대체 여기가 어디지?"
바로 그때였어요. 덕궁이 앞에 똘망똘망한 눈망울을 가진 여자아이가 나타난 거예요.
이 여자아이는 누굴까요? 과연 위기에 빠진 덕궁이를 도와줄 수 있을까요?

● 경복궁에는 누가 살았을까?

왕과 왕비, 세자와 함께 왕의 어머니(대비), 할머니(대왕대비), 왕의 후궁과 왕의 결혼 전 자녀들, 세자빈과 세자의 후궁, 세자의 결혼 전 자녀들 등 왕실 가족들이 살았어요. 그리고 궁녀와 환관들이 함께 살면서 왕실 가족이 불편함 없이 생활할 수 있도록 보필했어요. 또한 궁녀와 환관 외에 군사들과 일꾼들, 관청에서 일하는 관원들까지 수많은 사람들이 경복궁을 드나들며 일을 했지요. 경복궁은 나라의 주인인 왕의 집이자 나라의 살림살이가 이루어지는 관청이었고, 많은 사람들의 삶의 터전이었습니다.

● 왕실 가족을 편안히 모셔라!

경복궁에서 왕실 가족의 생활을 돕는 곳은 크게 음식, 의복, 음악, 건강을 담당하는 곳과 궁녀들이 생활하는 곳, 환관들이 일하는 곳으로 나눌 수 있어요. 이곳들은 대부분 왕실 가족의 생활 공간인 내전 가까이 있었지요.
하지만 환관들의 공간인 내시부와 건강을 담당하는 기관인 내의원은 왕을 가까이에서 모시는 관리들이 모여 일하는 궐내각사에 위치했어요.

● 궁궐의 일꾼들

성상 : 심부름과 잡일을 맡아 하는 사람
사약 : 건물 열쇠를 보관, 관리하는 사람
등촉색 : 등잔, 아궁이 등에 불을 지피는 사람

장금이	얘, 너는 누군데 여기서 이러고 있니?
덕궁이	난 덕궁이야. 윤덕궁. 경복궁 문제를 풀다가 길을 잃었어.
장금이	새로 들어 온 환관 아이인가? 사정이 딱한 것 같은데 내가 도와줄까?
덕궁이	정말? 진짜 고마워. 너는 이름이 뭐니?
장금이	나는 견습 나인 장금이야. 곧 최고 궁녀가 될 몸이지.
덕궁이	나인은 뭐고, 궁녀는 또 뭐야? 나한테는 환관이라고 했던가? 너도 세자처럼 여기서 일하는 아이니?
장금이	쉿! 감히 세자 저하에게 일하는 아이라니? 너 그러다가 병사들에게 잡혀가면 어쩌려고? 게다가 궁녀와 환관도 모르고……. 나인, 궁녀, 환관은 모두 궁궐에서 일하는 사람들이야.
덕궁이	그럼 저쪽에 왔다갔다 바쁘게 움직이는 사람들이 모두 궁궐에서 일하는 사람들이야?
장금이	응, 내일이 대비마마 생신날이어서 잔치 준비하느라 다들 분주해.

상궁

정식 나인

견습 나인

● **궁궐의 살림꾼, 궁녀**

궁녀는 빠르면 4살에서 5살, 늦어도 12살 이전에 궁궐에 들어와 여러 곳에서 각자의 임무를 수행하며 살았답니다. 다음은 궁녀들이 소속된 곳과 그곳에서 하는 일이에요.

지밀 : 왕실 가족을 가장 가까운 곳에서 모시며 시중을 들어요. 왕실의 혼례나, 제례와 같은 중요한 일도 담당해요.
침방 : 각종 의복과 이불 등을 만들어요.
수방 : 침방에서 만든 의복과 이불에 수를 놓아요.
세수간 : 왕실 가족의 세숫물과 목욕물을 담당해요.
내소주방 : 왕실 가족의 식사를 만들어요.
외소주방 : 궁궐의 잔치나 제사 등에 쓰이는 음식을 만들어요.
생과방 : 음료와 과자를 만들어요.
세답방 : 빨래와 다듬이질 등을 담당해요.

● **궁녀의 등급**

견습 나인 : 정식 나인이 되기 전 궁궐에서 지켜야 할 법도와 일을 배우는 어린 궁녀예요. 지밀, 침방, 수방의 견습 나인들은 생각시, 그 외의 나인들은 각시라고 해요.
정식 나인 : 견습 나인이 궁궐에 들어온 지 15년이 되면 남은 일생을 왕을 위해 바치겠다는 약속을 하는 관례를 치르고 정식 나인이 됩니다.
상궁 : 궁녀 중 가장 높은 직급이에요. 지밀에 속한 정식 나인은 나인이 된 후 10년, 그 외의 나인들은 20년이 지나야 상궁이 될 수 있었어요.

장금이	보아하니 너 앞으로 배워야 할 게 정말 많은 것 같다. 흠, 우선 궁녀에 대해 알려 줄게! 궁녀는 궁궐에 머물면서 일을 하고 급료를 받는 여성을 말해. 조선 시대 여성의 직업 중 가장 높은 지위까지 올라갈 수 있는 최고의 전문직이야.
덕궁이	그렇게 대단한 거였어? 궁녀는 무슨 일을 하는데?
장금이	왕실 가족을 비롯해 궁궐 안에 사는 사람들의 의식주를 책임지고 있어. 궁궐의 크고 작은 행사들도 모두 궁녀의 손을 거치지.
덕궁이	일이 엄청 많고 어려울 것 같아.
장금이	맞아. 그래서 어렸을 때부터 왕실 가족의 생활 공간에 소속되어 각자 맡은 일을 전문적으로 배우는 거야. 내일처럼 궁궐에 잔치라도 있는 날이면 궁녀들은 더욱 바빠져.
덕궁이	맛있는 음식도 해야 하고, 좋은 옷도 만들어야 하고? 얼마 전 할머니 생신날 친척들이 모두 우리 집에 모였는데, 우리 엄마도 정말 바쁘셨어. 물론 나도 내 방 청소하느라 힘들었지. 그런데 넌 이렇게 놀고 있어도 돼?
장금이	놀다니? 정식 나인들 심부름이 산더미만큼 쌓여 있는데, 너를 위해 특별히 시간을 내는 거라고!
덕궁이	아까부터 나인, 나인 하는데 나인은 도대체 뭐야? 궁녀랑은 다른 거야?
장금이	견습 나인과 정식 나인 그리고 상궁까지 모두 통틀어 궁녀라고 하는 거야.

● 환관들이 하는 일

어린 나이에 궁궐에 들어온 환관은 예비 환관으로 '소환' 또는 '소천시'라고 불렀어요. 이들은 주로 마당을 쓸거나 심부름을 하며, 정식 환관이 되기 위한 공부를 했어요. 또 어린 세자의 놀이 친구가 되기도 했지요. 예비 환관은 1년에 네 차례 평가를 거쳐 정식 환관이 되었답니다. 정식 환관은 궁궐 안 물품이나 음식물 등을 감독하고, 일꾼들을 관리하는데, 대부분 혼인을 하고 궁 밖에서 살며 출퇴근을 했어요. 하지만 일부 왕을 모시는 환관들은 궁궐에서 생활하며 왕의 곁을 떠나지 않았답니다.

● 궁궐의 문을 지켜라!

궁궐을 지키기 위해 수많은 군사들이 곳곳에 배치되었어요. 그중 많은 사람들이 드나드는 문을 철통 수비하는 병사들을 가리켜 '수문장'이라고 해요. 외부에서 경복궁으로 들어올 수 있는 문은 정문인 광화문, 동문인 건춘문, 서문인 영추문 그리고 북문인 신무문이었어요. 이 문마다 수문장이 배치되었답니다. 이들은 하루 2교대로 근무했는데, 교대식은 절차에 따라 매우 엄격하게 행해졌어요.

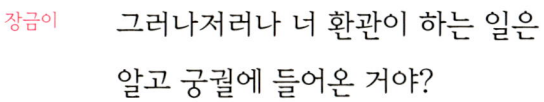

장금이   그러나저러나 너 환관이 하는 일은 알고 궁궐에 들어온 거야?
덕궁이   아니, 모르는데.
장금이   그럴 줄 알았어. 환관은 궁궐에서 일하는 거세된 남자로 내시라고도 하는데…….
덕궁이   뭐? 내시? 난 내시 아니야!
장금이   왜 발끈하고 그러니? 환관은 왕을 가장 가까이에서 보필하는 아주 중요한 일을 한다고!
덕궁이   그래도…….
장금이   앗, 덕궁아! 저기 환관 중에서 가장 높은 상선 어르신이야. 우리가 이렇게 놀고 있는 걸 보면 불호령을 내리실 거야. 빨리 마루 밑으로 숨어!

덕궁이   크크, 궁궐 마루 밑에도 들어와 보네. 어, 장금아! 저기 저 사람들 좀 봐.
장금이   아, 세자익위사★의 무관들이야. 쉬운 말로 세자의 경호원이라고 할 수 있지.
덕궁이   우아, 진짜 멋있다!
장금이   궁궐에는 세자익위사 무관들 말고도 수천 명의 병사들이 있어. 왕의 경호원인 별운검과 왕실 가족을 지키는 군사들, 궁궐 문을 지키는 수문장 등 말이야.
덕궁이   정말? 보안이 철통같네.
장금이   그럼! 궁궐은 왕이 사는 아주 중요한 곳이야. 혹시 모를 위험에 늘 대비해야 한다고.

★ 세자익위사 : 세자를 호위하는 일을 담당하는 관청

<무신진찬도병>

● 궁궐의 행사를 책임지는 예술가들

장악원은 음악과 무용에 관한 모든 일을 담당하던 곳이에요. 궁궐에 행사가 있는 날에는 장악원의 악공들과 무공들이 다양한 연주와 공연을 했어요.

● 궁궐의 행사를 기록하라!

행사 모습을 정교하고 아름답게 기록하는 것은 도화서 화원들의 몫이었어요. 도화서는 조선 시대 그림에 관한 일을 담당하던 관청이에요. 도화서 화원들은 왕실 가족의 초상화나 왕실에서 사용하는 도자기, 수레 등 기물을 그리기도 하고, 각종 의례와 국가 행사의 절차를 그림으로 기록했답니다.

장금이	참! 상궁마마가 물 떠오라고 했는데 깜빡했다.
덕궁이	그럼 같이 가자. 내가 도와줄게.
장금이	너 보기보다 참 착하구나! 소주방 근처에 우물이 있어.
덕궁이	히히, 뭐 별로 힘든 일도 아닌데. 그런데 이게 무슨 소리지? 저쪽에서 음악 소리가 들려. 우리 뭐하나 구경하고 물 뜨러 가면 안 될까?
장금이	흠……. 그래, 그러자! 어차피 늦었는데, 잠깐 구경하는 건 괜찮겠지.
덕궁이	우아, 정말 멋있다! 저 사람들은 누구야?
장금이	장악원의 악공들과 무공들이야. 왕실에 잔치나 행사가 있거나 외국 사신이 오면 공연을 하는데, 악공들이 연주를 하고 무공들이 아름다운 춤을 추지. 아! 왕이 사냥을 나갈 때도. 지금은 내일 잔치 때 공연하려고 연습 중인가 봐.
덕궁이	정말 잘한다.
장금이	그럼. 장악원에서는 매년 네 차례 실기 시험이 있어. 낙방을 하면 벌까지 받는다고! 진짜 열심히 연습해야 해.
덕궁이	나는 하라고 해도 못하겠다. 궁궐 사람들은 쉴 틈이 없구나.
장금이	맞아. 우리도 이제 그만 물 뜨러 가자.

● 궁궐의 부엌, 소주방

소주방은 궁궐 안 사람들을 위한 부엌으로 '주방'이라는 단어에 '불로 익히다'라는 뜻의 '소' 자를 붙인 이름이에요. 소주방은 내소주방, 외소주방, 생과방으로 구성되었어요. 내소주방에서는 왕과 왕비의 수라를, 외소주방에서는 잔치나 제사 음식을 장만했어요. 생과방에서는 음료나 과자 등을 담당했답니다.

● 궁궐의 요리사들

무려 300여 명의 사람들이 소주방에서 일을 했어요. 고기 요리 전문가 별사옹, 두부 요리 전문가 포장, 생선 요리 전문가 자색, 밥 전문가 반공, 떡 전문가 병공, 술 전문가 주색, 차 전문가 차색 등 각각의 요리마다 전문 요리사가 있었어요. 이들을 모두 관장하는 사람은 반감으로 수라간의 총주방장이었지요.

장금이	길어 온 물은 여기 항아리에 부으면 돼.
덕궁이	영차. 휴, 다 됐다. 그런데 여기는 어디야? 맛있는 냄새 난다.
장금이	응, 소주방이야. 궐 안의 음식을 장만하는 곳으로 수라간이라고도 해. 매일매일 전국 방방곡곡에서 올라온 으뜸가는 식재료로 요리사들이 맛깔스럽게 요리해. 어때? 냄새만 맡아도 군침 돌지 않아?
덕궁이	잠깐! 그럼 여기가 궁궐의 부엌인 거네?
장금이	응. 그걸 이제야 알았니?
덕궁이	야호! 다섯 번째 문제 해결했다. '경복궁에서 가장 군침 도는 곳은 어디일까요?' 정답은 소주방! 고마워, 장금아!
장금이	뭐야? 내가 뭘 돕긴 도운 거야?
덕궁이	응. 큰 도움이 됐어! 맛있는 냄새 때문인지 배고프다. 장금아, 나 저기 있는 음식 먹어도 돼?
장금이	안 돼. 반감 어르신에게 들키면 혼난단 말이야.
덕궁이	치, 음식이 저렇게 많은데······.
장금이	그래도 절대 안 돼! 대신 내일 잔치가 끝나면 맛있는 생과자 몰래 챙겨 놓을게. 난 이제 일하러 가야겠다. 오늘은 아마도 밤 늦도록 일해야 할 거야. 내일 꼭 놀러 와.

왕이 수라를 젓수신다?

'왕의 밥'을 특별히 '수라'라고 해요. 그리고 '먹는다.'를 높여서 조선 시대 말로 '젓수신다.'라고 하지요. 그럼 '왕이 수라를 젓수신다.'라는 말이 무슨 말인지 눈치챘지요? 바로 왕이 밥을 먹는다는 말이에요. 조선 시대 왕은 수라를 어떻게 젓수시는지 식사 시간을 한번 살펴볼까요?

● 왕은 언제 수라를 젓수실까?

왕은 하루에 4번 식사를 했어요. 아침 7시 이전 이른 아침에 '초조반상'을, 오전 10시경에 '아침수라'를 먹었지요. 그리고 점심에 '낮것상'이라 하여 간단한 요기를 한 뒤 오후 5시 즈음에 '저녁수라'를 들었습니다.

● 왕은 어떤 수라를 젓수셨을까?

식사 때마다 수라상에는 다른 음식들이 차려졌어요. 초조반상에는 가벼운 죽이나 미음이 올랐고, 아침수라와 저녁수라에는 밥과 탕, 전골 등이 포함된 기본 음식 7가지와 전국에서 올라온 특산물로 이루어진 12가지 반찬, 여기에 숭늉이나 곡물 차가 올랐지요. 낮것상에는 주로 면 요리나 다과가 올라왔어요.

● 남은 수라는 어떻게 처리했을까?

왕 혼자서 먹는 식사인데 정말 많은 양의 음식이 차려지지요? 아마 이 음식들을 모두 다 먹는다면 아무리 왕이라고 해도 분명 탈이 나고 말 거예요. 하지만 걱정 마세요. 왕은 그날그날 먹고 싶은 음식만 골라서 먹으니까요. 왕이 식사를 끝내면 수라상은 퇴선간으로 가요. 그곳에서 궁녀들이 그릇과 기구들을 깨끗이 씻었어요. 남은 음식은 다른 그릇에 옮겨 담아, 지밀 상궁부터 나인들까지 궁녀들의 끼니가 되었답니다.

경복궁의 발굴과 복원

고고학자와 함께 소주방의 흔적을 찾아요

작별 인사 할 틈도 없이 장금이는 사라져 버렸어요.
"잘 가라고 인사도 못했네. 난 여기서 좀 쉬었다가 문제 풀러 가야겠다. 아함!"
덕궁이는 소주방 구석에서 잠이 들고 말았어요.
"덕궁아, 덕궁아! 여기서 자면 안 돼. 이제 그만 일어나렴."
얼마 후 고고학자 최문화 선생님이 부르는 소리에 덕궁이가 잠에서 깨어났어요.
그런데 이상한 일이 벌어졌지 뭐예요!
소주방도, 궁궐에서 일하던 많은 사람들도 모두 온데간데 없이 사라진 거예요!
이게 어떻게 된 일일까요?

소주방 발굴터

● **경복궁 으뜸 소주방을 찾아라!**

경복궁에는 강녕전 동쪽, 만경전 동쪽, 자경전 동쪽, 흥복전 북쪽 등에 여러 개의 소주방이 있었어요. 그중 으뜸 소주방은 단연 강녕전 동쪽에 위치한 소주방이지요. 이곳은 2004~2005년에 발굴되었어요. 전에는 잔디밭과 나무가 있던 공터로 경복궁 관람 통로로 이용되었지요. 현재는 소주방 건물 복원 공사가 진행 중인데, 2015년에 일반 관람객에게 공개될 예정이에요. 옛 문헌에서 찾아낸 소주방 도면과 기록, 발굴 조사 결과 등을 참고해 옛 모습 그대로 복원될 예정입니다.

● **경복궁에 우물이 있다고?**

우물은 궁궐 안의 식수를 공급하는 매우 중요한 장소예요. 기록에 의하면 경복궁에는 24개의 우물이 있었다고 해요. 현재 확인된 우물은 총 7개인데, 강녕전, 소주방, 함원전, 열상진원샘에서 각각 1개, 태원전에서 3개가 발견되었습니다. 특히 강녕전 우물은 왕을 위한 우물로, 왕의 식수와 세숫물을 공급했답니다.

소주방 우물 발굴 당시 모습

덕궁이	선생님, 여기가 어디예요? 장금이는요?
고고학자	강녕전 옆에 있는 소주방 발굴터야. 그런데 장금이가 누구니?
덕궁이	소주방에서 일하는 장금이 말이에요.
고고학자	녀석, 꿈이라도 꾼 거야? 문제는 안 풀고 여기서 낮잠만 쿨쿨 잤구나.
덕궁이	아니에요! 벌써 다섯 문제나 풀었어요.
고고학자	어디 보자. 정말 다 풀었네. 대단한걸!
덕궁이	사실은 세자랑 장금이가 도와줬어요. 그런데 선생님, 전 분명히 장금이랑 헤어지고 소주방 구석에서 잠깐 쉬고 있었거든요. 소주방은 어디 있어요? 이 돌덩이들은 또 뭐예요?
고고학자	여기가 소주방이 있던 자리는 맞는데 건물들은 모두 훼손되었어. 이 돌덩이들은 그냥 돌덩이가 아니라, 소주방이 있던 자리라는 것을 알려 주는 흔적들이란다.
덕궁이	네? 수라상 차리는 것도 보고, 우물에서 물도 길렀는데요? 그리고 제 눈엔 그냥 돌인 것 같은데…….
고고학자	우물? 아직 외부에 발표하지 않았는데 어떻게 알았니? 네가 기대고 있는 돌이 바로 우물이란다. 뒤를 한번 돌아보렴.
덕궁이	앗! 정말 우물이네. 그런데 비어 있네요? 아까는 분명히 물이 있었는데…….
고고학자	녀석, 꿈 한번 야무지게 꿨구나. 아니면 시간 여행이라도 다녀왔나?
덕궁이	네? 시간 여행이요? 하하, 그런 게 어디 있어요?
고고학자	왜 책이나 영화를 보면 타임머신을 타고 과거로 시간 여행하는 사람들이 종종 나오잖아.
덕궁이	그건 현실이 아니잖아요. 그런데 선생님, 정말 이상하기는 해요. 우물은 돌이 듬성듬성 빠져 있고, 건물은 흔적도 없이 사라지고…….

● 발굴에 대해 배우기 전에 미리 알아 두어요!

유적 : 경복궁과 같은 궁궐, 경주 왕릉과 같은 고분, 서울 성곽과 같은 성벽, 암사동 선사 유적지 같은 주거지 등 과거 인류의 흔적이 남아 있는 공간이나 현장을 의미해요.

유구 : 유적보다 좁은 개념으로 무덤이나 건물터처럼 인간이 땅 위에 만든 것 하나하나를 말해요.

유물 : 인간의 활동으로 만들어진 도구를 말해요. 토기, 왕관, 청자 같은 물건뿐 아니라, 선사 시대 동물 뼈나 조개껍질처럼 자연물이지만 당시의 인류 문화를 연구하는 데 중요한 자료가 되는 것도 유물에 속해요.

● 유적 발굴 이렇게 이루어져요!

유적을 발굴하기 위해서는 제일 먼저 옛 문헌의 기록이나 고지도 등 발굴할 유적과 관련된 자료를 꼼꼼이 수집해요. 그런 다음 다음과 같이 유적 발굴이 이루어져요.

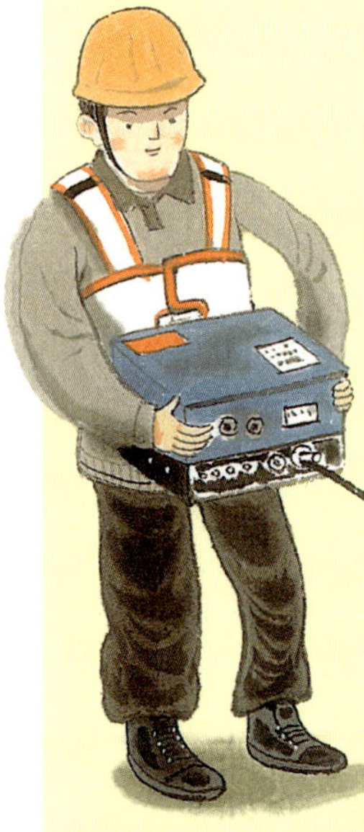

❶ 탐사
'지하투시레이더(GPR)'나 '전기' 등을 이용해 땅을 직접 파기 전에 땅속에 무엇이 있는지 알아봅니다.

❷ 현장 구획
조사할 유적의 성격과 조사 방법에 맞게, 현장에 기준점을 정하고 일정하게 구역을 나눕니다.

고고학자   경복궁 대부분의 건물들이 일제 강점기★ 때 훼손되고 없어졌단다. 그래서 고고학자들이 경복궁의 사라진 옛 모습을 찾기 위해 발굴 조사를 하는 거고.

덕궁이   발굴이요?

고고학자   발굴은 쉽게 말해 땅속의 보물을 찾는 일이야. 땅속에 묻혀 있는 유적을 찾아내 본래의 모습대로 드러나게 하는 일이지. 건물은 없어졌지만 발굴을 하면 소주방에 몇 채의 건물이 있었고, 아궁이나 우물은 어디에 있는지 찾아낼 수 있단다.

덕궁이   정말요? 땅속에 아직 그런 것들이 있다고요?

★ 일제 강점기 : 1910년 일본이 우리나라의 국권을 강제로 빼앗은 후 1945년 해방이 되기까지 35년 동안의 시기

❸ 시굴

적절한 위치를 선정해 일부만 시험 발굴합니다. 그렇게 해서 토층을 관찰하면 이 지역에 어떤 유적이, 어느 정도 깊이에 있는지 대략적으로 알 수 있어요.

시굴로 드러난 토층

정밀 발굴을 하는 고고학자

❹ 정밀 발굴
시굴 결과를 참고해 삽이나 호미, 붓 등을 이용해 발굴을 합니다.

고고학자	그럼. 네가 지금 밟고 있는 땅속에도 사라진 건물의 기초가 남아 있을 수 있어. 예를 들면 주춧돌, 기단★, 온돌 같은 시설 말이야. 궁궐 사람들이 쓰던 그릇, 수저, 기와 등 많은 유물이 있을 수도 있고.
덕궁이	선생님, 땅속 유물은 찾은 사람이 가져도 돼요?
고고학자	그건 곤란해. 유물은 조상들이 후손 모두에게 물려준 보물이란다. 누구 한 사람의 것이 아니지. 그리고 유물이 없다면 복원도 매우 힘들 거야.
덕궁이	복원이요? 발굴과 복원은 다른 거예요?
고고학자	발굴이 흔적을 찾는 거라면 복원은 원래 모습대로 회복시키는 거란다. 역사적 기록을 참조하고, 건물의 흔적과 유물을 통해 얻은 정보를 과학적으로 분석하면 건물의 원래 모습을 추정할 수 있어. 이런 과정을 거쳐 옛 모습 그대로 다시 짓거나 만드는 것이 복원이지.

★ 기단 : 건축물의 터를 반듯하게 다듬은 다음에 터보다 한 층 높게 쌓은 단

❺ 사진 촬영

발굴해서 확인되는 내용을
사진과 동영상으로 기록합니다.

소주방 발굴터 일부

위에서 내려다본 소주방 발굴터

❻ 실측

발굴에서 확인된 내용들을 정밀하게 도면에 남깁니다. 현장에 일정한 간격으로 실을 치고, 그 모습을 모눈종이 위에 옮겨 그려요. 또는 사진, 3D 스캐닝 장비를 사용해 정확한 기록을 남깁니다.

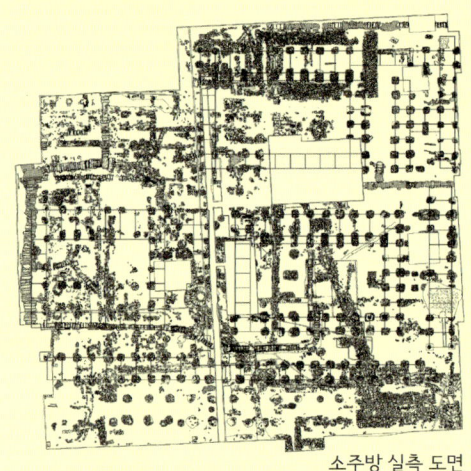

소주방 실측 도면

● 발굴이 끝나면?

자료 수집 ➡ 탐사 ➡ 현장 구획 ➡ 시굴 ➡ 정밀 발굴 순서로 발굴을 한 후에는 필요에 따라 현장 설명회와 학술 자문 회의, 전문가 검토 회의를 해요. 발굴에서 확인된 내용들을 학자나 일반인들에게 발표하고, 전문가들에게 자문을 받습니다.

발굴 광경

현장 설명회

덕궁이	아……. 무슨 말씀인지 알 것 같아요. 발굴한 뒤에 복원까지 해야 사라진 건물의 모습을 되찾을 수 있다는 것이지요?
고고학자	바로 그거야! 발굴과 복원을 통해 우리는 예전 웅장했던 경복궁의 모습을 되찾는 거란다. 경복궁의 광화문과 강녕전, 교태전 등이 이런 과정을 통해 복원된 건물이지.
덕궁이	그럼 제가 세자랑 장금이랑 함께 본 웅장한 경복궁의 모습이 진짜인데, 일제 강점기에 그 모습이 다 사라져서 발굴과 복원을 통해 진짜 모습을 찾고 있다는 거예요? 아, 정말 뭐가 뭔지 하나도 모르겠어요. 진짜 제가 꿈이라도 꾼 걸까요? 경복궁이 점점 좋아지고 있었는데…….
고고학자	흠, 덕궁이에게 뭔가 신기한 일이 일어난 것 같구나. 아무래도 오늘의 퀴즈왕은 덕궁이인 것 같은데? 이미 다섯 개의 정답을 찾았고, 마지막 문제의 정답도 알고 있는 것 같으니 말이야. 자, 그럼 특별 선물을 받으러 가 볼까?

● **강녕전 발굴과 복원**

왕의 침전인 강녕전은 일제 강점기 때 다른 건물들과 함께 철거되었어요. 하지만 지금 우리는 강녕전의 위엄 있는 모습을 볼 수 있지요. 이는 강녕전이 지어질 당시 흔적을 발굴한 후 원래 모습 그대로 복원을 했기 때문에 가능한 일이랍니다.

강녕전 창건 당시 흔적

경복궁 어디어디를 발굴했을까?

경복궁 발굴과 복원은 1990년부터 시작됐어요. 일제 강점기 때 변형, 훼손된 경복궁의 이전 모습을 되찾기 위해 단계적으로 계획을 세워 진행하고 있지요.

현재는 강녕전 권역, 광화문 권역, 동궁전 권역 등 주요 지역 12곳을 발굴, 복원했습니다. 그 결과 125동의 건물이 옛 모습을 되찾았고, 이는 일제 강점기 이전 경복궁의 모습을 기준으로 전체의 약 4분의 1에 해당한답니다.

앞으로 경복궁의 원래 모습을 되찾을 때까지 발굴과 복원은 계속될 예정이에요.

❶ 침전 지역(1990~1991)
❷ 동궁 지역(1994)
❸ 내사복 지역(1994)
❹ 훈국군영직소 지역(1996)
❺ 태원전 권역(1997~2001)
❻ 건청궁 지역(2002)
❼ 녹산 지역(2003)
❽ 소주방 지역(2004~2005)
❾ 흥복전 지역(2004~2005)
❿ 함화당, 집경당 행각지 지역(2005~2006)
⓫ 광화문 권역(2006~2010)
⓬ 흥복전 주변 영훈당 · 회광당 지역(2012~현재 진행중)

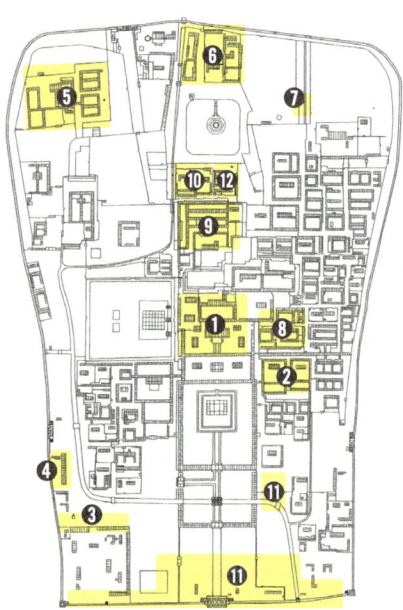

광화문 발굴과 복원

일제 강점기, 광화문은 강제로 위치가 변경되고, 한국 전쟁 때 폭격을 받아 문루가 소실되는 수난을 겪으며 변형, 훼손되었어요.

　이후 오랫동안 제 모습을 되찾지 못한 채 보존되다가, 2006~2010년 발굴과 복원이 이루어져 이전의 모습을 되찾았습니다. 아래 사진을 통해 어떤 일들이 있었는지 살펴보아요.

일제 강점기, 건춘문 북쪽으로 옮겨 짓기 위해 철거

1968년, 철근 콘크리트로 잘못된 위치에 복원된 광화문

2006~2010년, 광화문 철거 후 발굴 조사 및 복원

옛 모습을 되찾은 후 우리 곁에 다시 돌아온 광화문

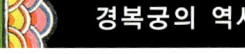 경복궁의 역사

경복궁에서는
어떤 일이 있었을까요?

"덕궁아, 사실은 선생님이 우물을 발굴하다가 과거로 가는 비밀 통로를 찾았단다.
우리 함께 시간 여행을 떠나자꾸나. 덕궁이에게 주는 특별 선물이야!"
최문화 선생님은 경복궁이 처음 지어졌을 때부터 지금에 이르기까지
어떤 일들이 있었는지 모두 알 수 있다고 하셨어요.
시간 여행이라니요? 그게 정말 가능한 일일까요?
덕궁이는 속는 셈 치고 선생님을 따라 캄캄한 우물 안으로 들어갔습니다.

● 육조 거리

경복궁 밖 광화문 앞쪽에 위치한 큰길(지금의 세종로)을 조선 시대에는 '육조 거리'라고 했어요. 육조 거리에는 조선의 군사, 교육, 재정, 사법, 외교 등 행정을 담당한 병조, 형조, 공조, 예조, 이조, 호조, 의정부, 한성부, 기로소, 삼군부, 중추부, 사헌부 등의 관청이 즐비해 있었지요. 육조 거리에 위치한 이들 관청을 일컬어 '궐외각사'라고 한답니다. 궐외각사는 우리 나라 행정의 주요 업무를 담당하는 지금의 정부청사와 같은 역할을 했어요.

<도성도> 필사본

덕궁이   선생님, 여기가 어디예요?

고고학자   이곳은 한양의 육조 거리란다. 지금은 태조가 조선을 세운 지 4년째 되는 해인 1395년이지. 참, 한양이 서울의 조선 시대 이름인 것은 알지?

덕궁이   정말요? 정말 우리가 조선 시대에 온 거예요?

고고학자   하하, 정말이라니까. 여기가 오늘 아침 네가 지나온 세종로인걸. 저기 지나다니는 사람들을 보렴.

덕궁이   진짜 신기해요. 차도 없고 세종문화회관도, 세종대왕 동상도 없네요.

고고학자   저기 광화문이 보이지? 저기가 바로 경복궁이야. 태조는 1394년에 조선의 수도를 개성에서 한양으로 옮기고 바로 공사를 시작해 열 달 만에 경복궁을 완공했어.

덕궁이   열 달이요? 설마요?

고고학자   태조는 전국의 목공과 석공은 물론 스님과 일반 백성까지 수만 명에 이르는 기술자와 일꾼들을 동원해서, 수도 한양을 새롭게 건설했단다. 경복궁을 중심으로 관아, 도로, 시장을 배치하고, 경복궁 동쪽에는 왕실 조상의 신주를 모시는 종묘를 서쪽에는 토지신과 곡물신께 제사를 올리는 사직단도 지었지.

● 태조는 왜 경복궁을 한양에 지었을까?

조선의 새로운 도읍으로 한양, 계룡산, 무악, 불일사, 선고개 등 다양한 후보지가 이야기되었지만, 태조는 그중 가장 입지 조건이 우수한 한양을 선택했어요. 백악산(지금의 북악산) 아래 남으로는 남산, 동으로는 낙산, 서로는 인왕산이 둘러싸고 있는 넓찍한 평지는 명당 중의 명당으로 꼽혔어요. 그래서 바로 그 자리에 경복궁을 지었답니다.

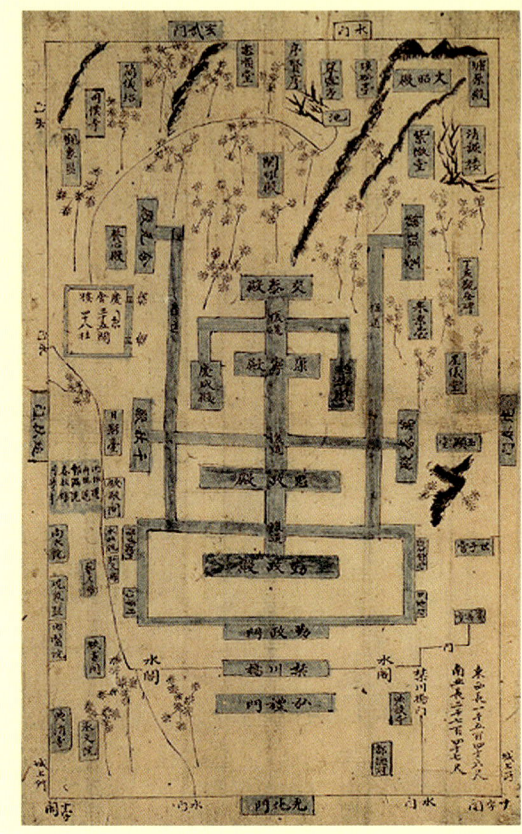

조선 전기 경복궁의 모습을 추정할 수 있는 <경복궁도>

서울 성곽

● 역사를 간직한 서울 성곽

태조는 조선의 수도 한양을 방어하기 위해 성곽을 쌓고, 사대문(흥인지문, 돈의문, 숭례문, 숙정문)과 사소문(홍화문, 광희문, 창의문, 소덕문)을 두었지요. 이후 세종이 흙으로 쌓은 부분을 돌로 다시 쌓아 공격과 방어 시설을 강화했고, 숙종이 정사각형의 반듯한 돌로 성곽을 보수했답니다. 현재 남아 있는 성곽에서도 여러 번 수리를 거듭한 흔적을 찾아볼 수 있어요.

덕궁이	어? 그런데 선생님, 저기 좀 보세요. 한양을 둘러싸고 있는 성곽이 흙으로 되어 있어요. 아까는 분명 돌이었는데……. 하하, 진짜 속을 뻔했어요. 여기 영화 촬영장이지요?
고고학자	덕궁이가 생각보다 예리하네. 하지만 여기는 진짜 조선 시대 한양인걸. 처음 성곽을 쌓았을 때에는 흙으로 쌓고 높은 곳 일부만 돌로 쌓았단다. 이후 세종 때 돌로 튼튼하게 다시 쌓았지. 그럼, 진짜인지 확인하러 경복궁 안으로 들어가 볼까?
덕궁이	네, 좋아요. 두 눈 크게 뜨고 자세히 봐야겠어요.
고고학자	다시는 볼 수 없는 특별한 기회이니 잘 기억해 두렴.
덕궁이	우아, 근정전이에요. 정말 조선 시대인가? 다른 건물들도 많고, 웅장하네요.
고고학자	응. 조선 초 경복궁은 조선 팔도에서 제일가는 최고의 건축물이었지. 〈조선왕조실록〉을 보면 창건 당시 경복궁의 규모는 삼백구십 여 칸에 이른다고 자세히 기록되어 있어. 안타깝게도 창건 당시 경복궁 도면이 남아 있지 않아 정확한 모습은 알 수 없지만, 발굴 조사를 통해서 당시 건물의 흔적들이 많이 발견되었단다.
덕궁이	발굴 조사는 정말 보물 찾기 같아요. 선생님, 우리 사정전, 교태전, 세자가 있는 동궁전이랑 장금이가 일하는 소주방까지 모두 가 봐요. 얼른요!
고고학자	그래, 구석구석 구경하자꾸나.

● **경복궁에서 만나는 세종대왕**

세종대왕은 근정전에서 즉위해, 경복궁에서 많은 업적을 남겼어요. 광화문, 강녕전, 신무문, 교태전, 자선당, 흠경각 등 주요 전각과 문을 새로 짓거나 늘려서 경복궁을 조선 으뜸 궁궐로 재단장했답니다. 또 집현전을 확충하여 학자를 키우고 훈민정음 창제라는 뛰어난 업적을 세웠어요.

● **세종대왕과 과학**

세종대왕은 과학 분야에서도 놀라운 발전을 이루었어요. 자동으로 시간을 알려 주는 물시계 자격루, 계절과 시간을 측정하는 옥루기륜, 별자리를 알려 주는 혼천의, 강우량을 측정하는 측우기, 바람의 방향과 세기를 알려 주는 풍기대, 해시계 앙부일구, 모두 세종대왕 대에 발명된 과학 기구랍니다.

풍기대

앙부일구

덕궁이	선생님, 저 아저씨는 저기서 뭐하는 걸까요? 가서 물어보고 올게요.
고고학자	어, 어! 덕궁아, 잠깐만! 미래에서 온 우리를 보고 놀랄지도 몰라.

덕궁이	아저씨, 지금 뭐 하고 계세요? 어? 이건 해시계잖아요?
장영실	그걸 어떻게 알았니? 이건 '앙부일구'라고 하는 해시계란다. 시간을 재고 있는데 정확하지 않구나. 도대체 뭐가 문제인지 모르겠어.
덕궁이	아, 아저씨가 그 유명한 장영실이군요? 그럼 연구 열심히 하세요.
장영실	그, 그래. 알았다. 거참 이상한 아이네.

덕궁이	선생님, 저 아저씨가 글쎄 세자에게 이야기 들었던 장영실이었어요. 지금 앙부일구로 시간을 재고 있대요.
고고학자	뭐? 앙부일구? 우리가 세종대왕이 조선을 다스리던 때로 이동을 했구나. 세종대왕은 노비 출신인 장영실의 능력을 높이 샀단다. 그래서 백성들을 위한 여러 가지 과학 기구를 만들 수 있도록 아낌없이 지원했어. 근처 흠경각에 조선 시대 과학 기구들이 모여 있으니까, 다른 시대로 이동하기 전에 보고 가자.
덕궁이	네, 좋아요!

임진왜란으로 폐허가 된 경복궁의 모습을 그린
<경복궁도>, 정선

● **경복궁 화재의 범인을 찾아라!**

<조선왕조실록>과 유성룡의 《서애집》에는 임진왜란 때 선조가 피난을 가자, 1592년 4월 20일에 우리 백성들이 경복궁에 불을 질렀다고 기록되어 있어요.
그런데 당시 왜군과 함께 조선으로 건너온 일본인 승려 제다쿠가 쓴 《조선일기》에는 1592년 5월 2일, 한양에서 본 경복궁의 아름다움과 웅장함에 대해 자세히 묘사되어 있어요. 왜군이 들어올 때까지 경복궁이 불에 타지 않았다는 기록이지요.
5월 2일에 경복궁을 보았는데, 4월 20일에 우리 백성들이 경복궁에 불을 질렀다니 이상하지 않나요? 학자들은 <조선왕조실록>이나 《서애집》의 기록이 힘없는 우리 백성들을 화제의 범인으로 만들기 위해 의도적으로 왜곡됐을 가능성이 높다고 말한답니다.

경복궁에서는 어떤 일이 있었을까요?

덕궁이 　앗! 선생님! 큰일 났어요! 경복궁에 불이 났어요!

고고학자 　어이쿠, 우리가 임진왜란★ 때로 이동했나 보구나!

덕궁이 　임진왜란이요? 이순신 장군이 거북선으로 왜군을 무찌른 그 전쟁이요?

고고학자 　맞아. 임진왜란은 조선의 제14대 왕 선조 때 일어났어. 바다에서 이순신 장군이 큰 활약을 펼치긴 했지만 왜군의 공격은 매우 거셌어. 결국 선조가 경복궁을 버리고 의주로 피난을 떠나기까지 했단다. 그 와중에 경복궁에 큰불이 났고, 결국 경복궁 건물 대부분이 불에 타 없어졌지.

덕궁이 　앗, 뜨거! 선생님! 불길이 어마어마해요!

고고학자 　우리가 이러고 있을 때가 아니지. 얼른 안전한 곳으로 피하자꾸나.

★ 임진왜란 : 일본이 선조 25년(1592)부터 31년(1598)까지 두 차례에 걸쳐 우리나라를 침입한 전쟁

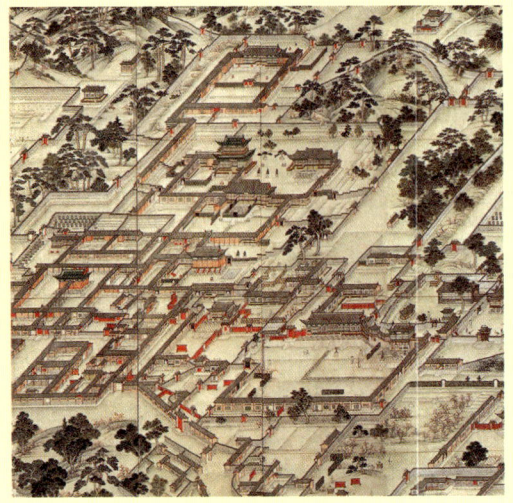

<동궐도> 일부 그림

● **조선 제2의 궁궐, 창덕궁**

조선 시대 모든 왕이 경복궁에서 생활했던 것은 아니랍니다. 경복궁에 살았던 왕은 태조, 정종, 태종, 세종, 문종, 단종, 세조, 예종, 성종, 연산군, 중종, 인종, 명종, 선조 그리고 고종까지 15명뿐이에요. 경복궁이 임진왜란으로 소실된 이후 흥선 대원군이 경복궁을 재건하기까지 270여 년이란 긴 세월 동안 조선의 역사는 대부분 창덕궁에서 쓰여졌답니다.

● **궁궐의 종류**

법궁 : 왕조를 상징하고, 공식적인 의례를 치르던 으뜸 궁궐을 말해요. 바로 경복궁이지요.

이궁 : 법궁의 보조 궁궐로 법궁의 화재나 국가 비상사태 시 사용했어요. 창덕궁, 창경궁, 경희궁, 덕수궁은 모두 이궁이랍니다.

행궁 : 왕이 궁궐을 나와 한양 밖으로 행차할 때 임시로 거처하던 곳이에요. 온양 행궁, 화성 행궁, 북한산성 행궁, 남한산성 행궁이 있어요.

별궁 : 필요에 따라 특별히 따로 지은 궁궐로 주로 왕이나 왕세자의 혼례 때 왕비나 세자빈을 맞아들이던 곳이에요. 왕이 즉위하기 전에 살던 집도 별궁이지요. 수강궁, 안동 별궁, 창의궁, 어의궁, 운현궁 등이 있습니다.

고고학자	이런……. 경복궁 건물 대부분이 불에 타 버렸어.
덕궁이	정말 그 많던 건물이 잿더미가 되어 버렸네요. 선생님, 궁금한 게 있어요. 선조가 의주에서 한양으로 돌아오면 어떡해요? 왕의 집이 없어져 버린 거잖아요.
고고학자	경복궁 화재를 대비해 지은 창덕궁과 창경궁까지 불타 버렸으니 정말 큰일이지? 한양으로 돌아온 선조는 급한 대로 월산 대군★의 집이었던 곳을 임시 궁궐로 사용했단다. 거기가 경운궁, 즉 훗날의 덕수궁이야.
덕궁이	그럼 경복궁은 임진왜란이 끝나고 다시 지은 거예요?
고고학자	아니. 우리 조상은 예부터 터를 중요하게 여겼는데, 큰 화를 당한 경복궁은 터가 불길하다고 생각했어. 그래서 그 다음 왕들은 창덕궁을 다시 지어 생활했단다.

★ 월산 대군 : 조선의 제9대 왕 성종의 형

고종 대 다시 지은 경복궁의 모습

● **흥선 대원군과 경복궁**

임진왜란 이후 폐허가 된 경복궁을 복원하는 일은 왕들의 오랜 바람이었어요. 그러나 오랫동안 방치되었다가 1865년에 이르러서야 흥선 대원군에 의해 복원이 시작되었습니다. 흥선 대원군은 거센 반대에도 갖가지 수단과 방법을 동원해, 3년 만에 공사를 마무리했지요. 웅장하고 화려한 옛 모습 그대로 경복궁을 다시 짓는 데는 많은 돈이 필요했어요. 흥선 대원군은 백성들에게 기부금을 강제로 내게 하고, 여러 명목의 세금을 거두었어요. 또 '당백전'이라는 새로운 화폐까지 발행했지요. 흥선 대원군의 이러한 시도는 결국 조선의 경제를 혼란에 빠뜨리고 말았답니다.

덕궁이   선생님, 경복궁을 다시 짓나 봐요!

고고학자   이번에는 조선의 제26대 왕인 고종 대로 이동했구나. 고종이 즉위하기 전 조선은 몇몇 양반 가문의 권력이 매우 커지고 왕의 권력은 매우 약해진 상태였어. 그래서 고종의 아버지인 흥선 대원군은…….

덕궁이   경복궁을 다시 지어서 왕의 권위를 세우려고 했군요!

고고학자   아니, 그걸 어떻게 알았니?

덕궁이   웅장한 근정전이 곧 왕의 권위와 힘을 나타낸다고 세자가 얘기해 줬어요.

고고학자   맞아. 흥선 대원군은 궁궐이 재건되어야 왕의 권위가 바로 서고 나라의 기강이 잡힌다고 생각했어. 그래서 오랫동안 방치되었던 궁궐터를 정리하고 태조가 세웠던 건물터 위에 새 건물과 담장을 지어 올리기 시작했단다. 이 과정에서 힘없는 백성들이 강제로 동원되었지.

덕궁이   그래서 백성들이 많이 힘들어 보였군요.

고고학자   그렇지? 게다가 공사 현장에서 화재가 연이어 일어났어. 흥선 대원군은 불에 탄 건물을 다시 짓기 위해 많은 세금을 거두어들였단다.

덕궁이   아……, 다시 지은 경복궁엔 백성들의 땀과 눈물이 서려 있네요.

덕궁이	선생님, 경복궁 공사 현장 같기는 한데 조금 전과는 다른 분위기예요.
고고학자	응, 우리는 지금 일제 강점기로 이동했어. 얼핏 보면 공사를 하는 듯하지만 사실은 경복궁을 철거하고 있는 거란다.
덕궁이	철거를요? 어렵게 다시 지은 경복궁을 왜요?
고고학자	조선을 강제로 빼앗은 일본은 조선의 상징이자 중심인 경복궁을 없애야 한다고 생각했단다.
덕궁이	네? 일본이요? 더 자세히 이야기해 주세요.
고고학자	1894년 일본은 청나라와의 전쟁에서 승리했단다. 그리고 청나라 군사를 조선에서 몰아낸다는 명목으로 조선에 들어왔어. 하지만 그들의 진짜 목적은 조선의 주권을 빼앗아 자신들의 식민지로 삼는 것이었지.
덕궁이	왜 하필 조선이에요? 더 크고 부자인 나라도 있었을 텐데.
고고학자	섬나라 일본이 대륙으로 뻗어 나가기 위해서 반드시 거쳐야 하는 길목에 조선이 있었기 때문이야. 1895년에 일본 군사들이 경복궁에 난입해 왕비

명성 왕후를 죽이고 경복궁을 점령하자, 고종은 다음 해에 러시아 공관으로 피신을 갔단다. 경복궁은 또다시 주인을 잃게 되었지.

덕궁이 임진왜란도 모자라 또요? 으, 정말 분해요!

고고학자 더욱 참을 수 없는 것은 일본인들이 경복궁에 조선 총독부★를 짓고 박람회 같은 여러 행사를 개최하면서 경복궁의 모습을 훼손했다는 거야.

덕궁이 정말 너무해요. 그 아름답던 경복궁을 어떻게 이렇게 만들 수 있어요?

고고학자 그래, 몹시 슬픈 일이지. 덕궁이 같은 어린이들이 경복궁의 본래 아름답고 웅장한 모습을 볼 수 없다는 것이 정말 가슴 아프구나.

★ 조선 총독부 : 일본이 1910년부터 1945년까지 우리나라를 지배하기 위해 설치했던 최고 행정 관청. 식민지 통치의 중심 기관

일제 강점기,
경복궁이 흘린 눈물을 기억하라!

고종은 러시아 공관으로 피신을 간 후 나라 이름을 '대한 제국'으로 바꾸고, 황제 즉위식을 치렀어요. 그리고 대한 제국이 엄연한 독립국임을 국내외에 선포하는 등 노력을 기울였어요. 하지만 이러한 노력에도 1905년 11월 17일 일본의 강압에 의해 '을사늑약'을 맺고 대한 제국은 외교권을 박탈당하고 말았습니다. 사실상 대한 제국이 일본의 통치 아래 놓이게 된 것이지요.

이후 1910년에 일본과 '강제 한일 병합'을 맺으면서 대한 제국은 결국 국권을 잃고, 일본의 식민지가 되고 말았습니다. 이러한 사건을 겪으면서 조선의 상징이었던 경복궁도 갖은 수모를 겪게 되었답니다.

1915년

일본은 강제 한일 병합 5주년을 기념하기 위해 산업 박람회인 '조선물산공진회'를 경복궁에서 열었어요. 근정전, 교태전, 경회루 등을 전시관으로 사용한 것도 모자라 경복궁 내 많은 건물들을 없애고 그 자리에 전시관과 공원, 분수대 등을 만들었습니다.

1916년

일본의 횡포는 더욱 심해졌어요. 흥례문과 용성문, 영제교 등 경복궁 입구 구역을 없애고 그 자리에 조선 총독부 건물을 지어 웅장한 경복궁의 모습을 가려 버렸습니다.

조선 총독부 공사 현장

1917년

창덕궁 내전에서 화재가 나자 일본은 창덕궁을 다시 짓는다는 핑계로 경복궁 내전 건물을 철거한 뒤, 목재와 석재 등을 창덕궁으로 옮겼습니다.

1923년

경복궁 양쪽에 전차 선로가 놓이면서 경복궁의 서쪽 망루인 서십자각과 궁성(궁궐을 둘러싼 성벽) 일부를 철거했습니다.

1926년

경복궁 양쪽을 오가는 전차의 진동으로 영추문 서쪽의 궁성 일부가 무너지자, 급기야 영추문을 없애기에 이릅니다.

영추문과 무너진 궁성

1927년

일본이 경복궁의 정문인 광화문을 철거하려고 하자 국내외 지식인들의 반대가 거세게 일었습니다. 그러자 일본은 건춘문 북쪽으로 광화문을 옮겨 버렸습니다.

1929년

일본은 1929년 9월 12일부터 10월 31일까지 경복궁에서 식민지 통치의 정당성과 업적을 알리기 위해 '조선박람회'를 개최했어요. 경복궁의 궐내각사 구역에 축사와 정화조를 설치하고, 동십자각으로 연결되는 경복궁 남쪽 궁성도 없앴습니다.

1935년

강제 한일 병합 25주년을 기념하기 위해 박람회가 열리고 경복궁이 일반인에게 완전히 개방되었습니다.

조선박람회 당시 모습

결국 일제 강점기를 거치면서 경복궁은 몇 채의 건물만을 남긴 채 철저히 변형, 훼손되고 말았답니다.

광화문 너머로 보이는 조선 총독부

일제 강점기를 거치며 훼손된 경복궁

만약 우리나라가 일제 강점기를 거치지 않았다면, 이런 모습의 경복궁을 볼 수 있지 않았을까요?

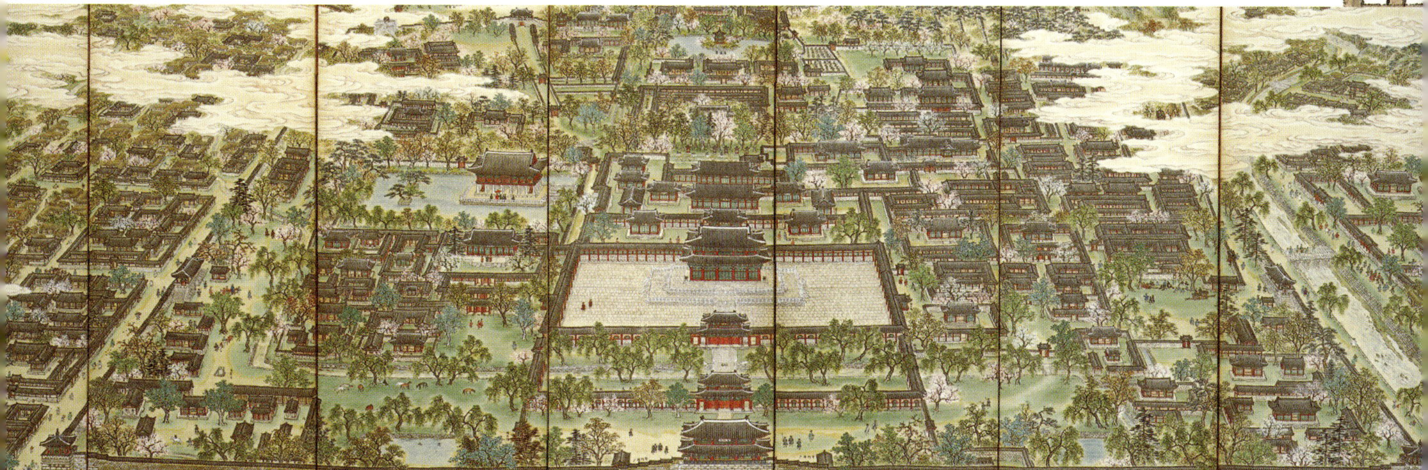

<북궐도>, 김학수

고고학자	덕궁아, 무슨 생각을 그렇게 골똘히 하니?
덕궁이	친구들에게 경복궁이 얼마나 멋있고 아름다웠는지 알려 줘야겠다고 생각했어요. 이제 우리가 살던 때로 돌아가는 거예요?
고고학자	그전에 경복궁 땅속을 한번 살펴보고 갈까? 여기 이 돌덩이들은 광화문의 기초가 되는 돌이란다. 위쪽은 흥선 대원군이 경복궁을 재건할 때 쌓은 돌이고, 아래쪽은 광화문을 처음 세웠을 때 쌓은 돌이지.
덕궁이	그걸 어떻게 알 수 있어요?
고고학자	보통 옛날 것일수록 더 아래에 있는데, 땅속에서 나온 유물을 분석하거나 흙과 시료 등을 과학적으로 분석해서 알아내기도 한단다.
덕궁이	아하, 그럼 흥선 대원군이 태조가 세운 경복궁 터 위에 새 건물을 지었다는 사실도 그런 방법을 통해 알아낸 거군요.
고고학자	그렇지. 땅 밑에 묻혀 있는 역사의 흔적들을 조사하고 발굴하면, 경복궁뿐만 아니라 우리나라 곳곳의 소중한 문화재들도 옛 모습을 되찾을 수 있어. 발굴은 퍼즐과 같아. 땅속에 숨어 있는 퍼즐 조각 하나하나를 모아서 '역사'라는 큰 퍼즐을 맞춰 나가는 거지.

고종 시기 광화문 기초석
태조 시기 광화문 기초석

광화문 발굴 당시 절개 단면 모습

덕궁이   경복궁 말고 발굴할 게 또 있어요?

고고학자   그럼. 집터, 고분, 성곽 등 많은 유적들이 아직 땅속에 남아 있는걸. 이 모든 것들이 우리나라 역사의 한 장면들이고. 이제 소주방 발굴터로 돌아가자. 머리 조심하고 땅 위로 나가자꾸나.

덕궁이   선생님 돌아왔어요. 아까는 이곳이 그냥 쓸모없는 빈터 같았는데, 지금은 모든 게 달라 보여요. 돌덩이도요!

고고학자   그래. 그냥 돌덩이가 아니라 조상들이 우리에게 물려준 소중한 보물이지. 경복궁의 역사를 고스란히 간직하고 있으니 말이야.

덕궁이 　그리고 세자와 장금이 같은 왕실 가족과 궁궐 사람들의 역사가 남아 있는 곳이기도 해요.

고고학자 　우리 덕궁이가 정말 대단한 깨달음을 얻었구나. 경복궁은 최고의 기술과 재료로 지어진 조선 시대 으뜸 건축물이란다. 하지만 그보다 더 중요한 것은 조선의 시작부터 끝까지 언제나 그 중심에는 경복궁이 서 있었다는 사실이야. 한마디로 조선을 대표하고 상징한다고 할 수 있지.

덕궁이 　선생님, 이제 알았어요! 조선의 모든 역사를 고스란히 간직한 곳이요. 마지막 문제의 답은 바로 경복궁이었어요!

고고학자 　역시 덕궁이가 해낼 줄 알았어!

덕궁이는 현장 학습을 마치고 경복궁을 나서며 다시 한 번
광화문 너머 경복궁을 물끄러미 바라보았어요.
그리고 하루빨리 경복궁이 예전의 위풍당당한 모습을 되찾고,
언젠가 세자와 장금이도 다시 만났으면 좋겠다고 생각했습니다.

경복궁의 국보와 보물

경복궁에는 조선의 뛰어난 문화, 예술을 고스란히 보여 주는 문화재들이 곳곳에 남아 있습니다.

국보 제233호 근정전

경복궁의 정전으로 왕의 즉위식이나 조하례를 거행하고 외국 사신을 공식적으로 맞이하는 등 국가의 중요한 의식이 거행되었던 곳입니다.

국보 제244호 경회루

경복궁 내 연못 안에 지어진 누각으로 외국 사신의 접대나 군신과의 연회 장소로 사용되었습니다.

보물 제809호 자경전

흥선 대원군이 경복궁을 중건하면서 고종의 양어머니인 조 대비(신정 왕후)를 위해 지은 건물입니다.

보물 제810호 자경전 십장생 굴뚝

자경전 뒷마당에 있는 굴뚝으로, 건강하게 오래 살라는 의미가 담긴 십장생과 복을 기원하는 박쥐가 새겨져 있습니다. 십장생이란 해, 산, 물, 구름, 바위, 소나무, 거북이, 사슴, 학, 불로초를 말한답니다.

보물 제811호 아미산 굴뚝

교태전 뒤뜰에 있는 6개의 굴뚝입니다. 벽돌을 쌓아 6각 기둥 형태로 만들고, 표면에는 덩굴무늬, 학, 박쥐, 봉황, 소나무, 매화, 국화, 불로초, 바위, 새, 사슴 등의 무늬를 새겨 넣었습니다.

보물 제1760호 수정전

세종 대 집현전이 있던 궐내각사 자리에 고종 대 경복궁을 중건하면서 다시 지은 편전 건물입니다.

보물 제1759호 사정전

경복궁의 편전으로 왕이 평소에 정사를 보고, 신하들과 함께 경전을 해설하며 토론하던 곳입니다.

보물 제812호 근정문 및 행각

근정전은 복도식 행각에 둘러 싸여 있습니다. 근정문은 근정전으로 향하는 출입문으로 3개의 문이 있는데, 가운데 문은 왕만 드나들 수 있었습니다.

보물 제847호 풍기대

풍기대는 바람의 방향과 세기를 측정하기 위해 만든 과학 기구입니다. 8각형으로 다듬은 화강암 맨 위에는 구멍이 있는데, 그곳에 깃발을 꽂은 뒤 깃발이 나부끼는 방향과 정도로 바람의 방향과 세기를 알아냈답니다.

보물 제1761호 향원정

1873년 고종이 건청궁을 지을 당시 연못을 파고 가운데에 섬을 만든 뒤 지은 정자입니다. 구름다리는 취향교예요.

궁궐 사람들이 만든 빛나는 문화

소주방 사람들이 꽃피운 궁중 음식

너비아니, 구절판, 신선로, 산적 등 말만 들어도 군침이 도는 궁중 음식들은 조선 최고의 요리사들이 집대성한 최고의 음식 문화입니다. 궁중 음식은 《진연의궤》 등 여러 문헌 기록을 참고하고, 조선 마지막 소주방 상궁인 한희순 씨가 실제 조리법을 전승하여 현재까지 전해지고 있답니다.

악공들이 들려주는 궁중 음악의 진수, 종묘 제례악

종묘 제례악은 우리나라 무형 문화재 제1호이자, 유네스코 세계 문화유산이에요. 종묘 제례악은 종묘에서 역대 제왕의 제사 때 연주한 음악인데, 세종대왕 대에 만들어졌다고 합니다. 장악원의 악공들이 대금, 피리, 아쟁, 장구, 편경, 편종 등 전통 악기를 연주하며, '일무'라는 춤을 추었답니다.

조선 왕실의 모든 것이 담긴 기록 문화

조선 왕실의 여러 기록물들은 유네스코 세계 기록유산으로 등재되어 있을 만큼 우수성과 가치가 뛰어납니다. 〈조선왕조실록〉, 〈훈민정음 해례본〉, 〈승정원일기〉, 〈의궤〉, 〈일성록〉 등이 그러하지요.

특히 〈조선왕조실록〉은 왕실 기록 문화의 꽃이라고 할 수 있어요. 조선의 사관들이 태조부터 철종까지 472년(1392~1863) 간의 역사를 고스란히 기록한 왕실 백과사전이라고 할 수 있지요. 〈조선왕조실록〉은 총 1,893권 888책으로, 정족산, 태백산, 적상산, 오대산 사고에 각각 1부씩 보관해 왔어요. 실록은 국왕의 사후에 편찬되었고, 왕이라 해도 함부로 볼 수 없었습니다.

〈조선왕조실록〉에 기록된 재미있는 경복궁 이야기

- 태조 4년 10월 7일 판삼사사 정도전에게 새 궁궐 전각의 이름을 짓게 하다.
- 태조 7년 4월 16일 경복궁 왼쪽 산등성이의 소나무가 마르다.
- 태종 6년 8월 5일   부엉이가 경복궁 누각과 침전 위에서 울다.
- 태종 12년 4월 11일 경복궁에 새로 지은 누각과 못을 구경하고 향연을 베풀다.
- 세종 2년 4월 21일 도마뱀 기우제를 행하다.
- 세종 5년 3월 28일 근정전에 나가 친히 문과 과제를 내고, 경회루로 옮겨 무과를 시험하다.
- 성종 6년 1월 8일   경복궁 양심당의 나무에서 불이 난 것을 끄고, 불을 끈 사람에게 상을 주다.
- 인조 1년 7월 4일   중국 사신이 성균관에서 알성하고 경회루를 관람하다.
- 고종 2년 4월 12일 경복궁의 전각 터전을 직접 살펴 보다.

위의 내용은 국사편찬위원회 조선왕조실록 홈페이지의 내용을 참조했습니다. http://sillok.history.go.kr

연표로 보는 경복궁의 역사

조선 시대 1395년 (태조 4년)   — 경복궁이 창건되다.
1412년 (태종 12년) — 경회루를 고쳐짓다.
1426년 (세종 8년)   — 후원을 만들다.
1427년 (세종 9년)   — 동궁 자선당을 짓다.
1431년 (세종 13년) — 광화문을 고쳐 짓다.
1433년 (세종 15년) — 강녕전을 고쳐 짓다.
1443년 (세종 25년) — 교태전을 새로 짓다.
1474년 (성종 5년)   — 근정전에 청기와를 올리다.
1592년 (선조 25년) — 임진왜란으로 불타 없어지다.
1865년 (고종 2년)   — 경복궁을 다시 짓기 시작하다.
1867년 (고종 4년)   — 경복궁 재건을 완료하고, 근정전에서 조하례를 열다.
1868년 (고종 5년)   — 창덕궁에서 경복궁으로 거처를 옮기다.
1873년 (고종 10년) — 건청궁을 새로 짓다.
1876년 (고종 13년) — 교태전 등 내전 다수가 큰불에 타 버리다.
1888년 (고종 25년) — 강녕전, 교태전, 자경전 등을 다시 짓다.

일제 강점기 1915년   — 조선물산공진회 개최를 구실로 많은 건물을 철거하다.
1916년~1935년 — 조선총독부 건립 및 각종 박람회 개최로 경복궁 대부분이 심각하게 훼손, 변형되다.

대한민국 1968년 — 광화문을 잘못된 위치에 복원하다.
1990년 — 경복궁 복원 사업이 시작되다.
1996년 — 옛 조선총독부 건물을 철거하다.
2010년 — 조선 시대 모습으로 광화문을 다시 복원하다.
현재   — 소주방 영역을 비롯해 복원 사업이 계속되다.

참고도서

이 책을 만드는 데 참고했습니다.

국립문화재연구소, 《경복궁 소주방지 발굴조사 보고서》, 2008
국립문화재연구소, 《경복궁 광화문지, 월대지, 어도지 발굴조사 보고서》, 2011
국립문화재연구소, 《경복궁 침전지역 발굴조사 보고서》, 1995
국립고궁박물관, 《궁에서 왕을 만나다》, 2013
문화재청, 《경복궁 변천사 上·下》, 2007
문화재청, 《궁궐의 현판과 주련 1》, 수류산방, 2007
김문식, 《조선의 왕세자 교육》, 김영사, 2003
박영규, 《조선 시대 궁녀들은 어떻게 살았을까?》, 주니어김영사, 2010
송용진, 《쏭 내관의 재미있는 궁궐 기행》, 두리미디어, 2005
신명호, 《궁》, 고래실, 2006
양택구, 《경복궁에 대해 알아야 할 모든 것》, 책과함께, 2007
유홍준, 《나의 문화유산답사기 6 - 인생도처유상수》, 창비, 2011
이승원, 《경복궁》, 초방책방, 2004
정은임 외, 《궁궐 사람들의 삶과 문화》, 태학사, 2007
허균, 《궁궐 장식》, 돌베개, 2011
홍순민, 《우리 궁궐 이야기》, 청년사, 1999
경복궁 홈페이지 http://www.royalpalace.go.kr
경복궁 관람 소책자

책의 삽화는 위의 자료를 참고로 역사적 사실에 근거하여 그리고자 노력하였으나, 일부 장면의 경우 어린이 독자들의 이해를 돕기 위해 재구성하였음을 알려드립니다.

이 책에 실린 사진 및 그림 자료의 내용과 출처는 다음과 같습니다.

p.18 품계석, 편집부
p.20 황룡 장식, 편집부
p.21 근정전 잡상, 저자
p.26 복원된 강녕전의 모습, 인터넷
p.26 무진진찬도병, LA 카운티 미술관
p.30 연기 통로와 굴뚝, 국립문화재연구소
p.31 경회루 연못 출토 청동용, 국립고궁박물관
p.33 왕세자 입학도, 국립고궁박물관
p.37 경복궁도, 개인 소장(소더비 출품)
p.47 무신진찬도병, 국립중앙박물관
p.54 소주방 발굴터, 국립문화재연구소
p.54 소주방 우물 발굴 당시 모습, 국립문화재연구소
p.57 시굴로 드러난 토층, 국립문화재연구소
p.58 정밀 발굴을 하는 고고학자, 편집부
p.59 소주방 발굴터, 국립문화재연구소
p.60 소주방 발굴터, 국립문화재연구소
p.60 소주방 실측 도면, 국립문화재연구소
p.60 발굴 광경, 편집부
p.60 현장 설명회, 저자
p.61 강녕전 창건 당시 흔적, 국립문화재연구소
p.63 철거되는 광화문, 조선고적도보
p.63 잘못된 위치에 복원된 광화문, 인터넷
p.63 광화문 발굴 조사 현장, 국립문화재연구소
p.63 광화문, 장재혁
p.67 도성도 필사본, 서울대학교 규장각 소장
p.68 경복궁도, 서울역사박물관 소장
p.68 서울 성곽, 편집부
p.70 앙부일구, 편집부
p.70 풍기대, 장재혁
p.72 경복궁도, 정선, 고려대학교 박물관
p.73 동궐도, 고려대학교 박물관
p.76 고종 대 다시 지은 경복궁의 모습, 국립중앙도서관
p.81 조선 총독부 공사 현장, 조선고적도보
p.81 영추문과 무너진 궁성, 조선고적도보
p.82 조선박람회 당시 모습, 조선고적도보
p.82 조선 총독부, 조선고적도보
p.83 훼손된 경복궁, 조선고적도보
p.83 북궐도, 김학수, 국립고궁박물관
p.84 광화문 발굴 당시 단면, 국립문화재연구소
p.88 근정전, 저자
p.89 근정전, 저자
p.89 경회루, 저자
p.89 자경전, 편집부
p.90 십장생 굴뚝, 편집부
p.90 아미산 굴뚝, 저자
p.90 사정전, 인터넷
p.90 수정전, 편집부
p.91 근정문, 인터넷
p.91 풍기대 장재혁
p.91 향원정, 인터넷
p.92 편종, 국립고궁박물관

책에 실린 사진 및 그림 자료들은 소장하고 있는 곳과 저작권자의 허락을 받아 실었습니다. 누락되거나 착오가 있는 부분은 확인하는 대로 수정 및 사용 허가를 구하도록 하겠습니다.

글 최인화

부산대학교 고고학과를 졸업하고 동대학원에서 석사 학위를 취득했습니다. 이후 문화재청의 학예연구사로 국립문화재연구소 고고연구실, 문화재청 발굴제도과 등에서 근무하였고, 현재는 국립가야문화재연구소 학예연구실장으로 근무하고 있답니다. 2008~2009년에는 건국대학교 사학과에서 고고학개론과 교양고고학에 대해 강의했습니다. 2010~2011년에는 미국 보스턴 대학교 동아시아 고고학·문화사센터(ICEAACH)의 방문 학자로 경복궁 등 조선 시대 궁궐과 도성에 대한 연구를 진행하고, 관련 연구 성과를 하버드 대학교 등에 소개했습니다.

대표 발굴 조사 경력으로는 경복궁 소주방지, 흥복전지, 함화당·집경당 행각지, 광화문지와 숭례문 발굴 등이 있고, 대표 논문으로는 〈조선의 정궁, 경복궁의 건물지에 대한 소고〉, 〈경복궁을 통해 본 조선〉, 〈조선후기 경복궁 도면, 북궐도형의 고고학적 재해석〉, 〈경복궁 건물 유형에 따른 적심 연구〉 등이 있습니다.

그림 김태현

추계예술대학 동양화과를 졸업했습니다. 1997년 한국출판미술대전 금상을 수상했으며 꿈 이야기전, 이미지전 등 여러 전시회에 작품을 출품했습니다. 지금은 한국출판미술협회 회원으로 프리랜서 일러스트레이터로 활동 중이며, 그동안 그림을 그린 책으로는 《한국사 탐험대》, 《울산에 없는 울산바위》, 〈이야기가 숨어 있는 어린이 문화유산 답사기 1, 2〉, 《고구려》, 《왕건》, 《광개토대왕》 등이 있습니다.

감수 장재혁

세종대학교 건축공학과를 졸업하고, 한양대학교에서 건축학 석사 학위를 취득했습니다. 이후 국립문화재연구소 건축문화재연구실 연구원을 지냈고, 세종대학교에서 강의를 했습니다. 현재는 문화재청 경복궁관리소 학예연구사이며, 경복궁 변천사 학술 조사 연구, 경복궁 장기 복원 기본 계획 연구, 궁궐 용어 해설 학술 연구, 경복궁, 창덕궁 홍보 영상 제작 자문 등에 참여했습니다.

대표 논문으로는 〈조선 전기 경복궁의 건축 형식에 관한 연구〉, 〈경복궁의 건축 공간에 관한 연구〉, 〈의례를 통한 근정전 일곽의 의미와 공간 사용 특성에 관한 연구〉 등이 있고, 발간 참여 도서로는 《조선의 법궁, 경복궁》, 《사진으로 보는 경복궁》, 《궁궐》 등이 있으며, 경복궁 안내 해설서 〈경복궁 이야기〉 발간에 참여했습니다.

덕궁이가 경복궁 퀴즈를 풀었던 곳은 어디 어디일까요?
세자, 장금이, 고고학자 최문화 선생님과 함께
둘러보았던 곳은 어디 어디일까요?
책의 내용을 천천히 떠올리며 경복궁을 관람해 보세요.
문화재청에서 추천하는 관람 코스를 따라
경복궁을 돌아보는 것도 좋은 방법이에요.

경복궁 관람 정보

◆ **관람 시간** 9:00~18:00 / 6월~8월은 18:30까지, 11월~2월은 17:00까지
　　　　　　(관람 시간 1시간 전까지 입장해야 하며 매주 화요일은 쉽니다.)

◆ **입장 요금** 어른 (만 25~64세) 3,000원, 만 24세 이하 소인과 만 65세 이상 성인은 무료

◆ **경회루 특별 관람** 선착순 인터넷 예약 후 다음의 시간에 관람 가능합니다.
　　　　　　평일 : 10:00, 14:00, 16:00 (매회 100명) / 주말 : 10:00, 11:00, 14:00, 16:00 (매회 100명)

◆ **경복궁 가는 길** 지하철 3호선 경복궁역 5번 출구로 나오면 경복궁과 연결되어 있습니다.
　　　　　　(서울특별시 종로구 세종로 1-1)

◆ **문화재청에서는 아래와 같이 관람 소요 시간별 관람 코스를 추천하고 있습니다.**
　　40분 소요 관람 코스 : 흥례문 ➡ 영제교 ➡ 근정전 ➡ 사정전 ➡ 경회루
　　60분 소요 관람 코스 : 흥례문 ➡ 영제교 ➡ 근정전 ➡ 사정전 ➡ 강녕전 ➡ 교태전 ➡ 경회루
　　90분 소요 관람 코스 : 흥례문 ➡ 영제교 ➡ 근정전 ➡ 수정전 ➡ 경회루 ➡ 사정전 ➡ 강녕전 ➡ 교태전 ➡ 향원정

위의 내용은 문화재청 경복궁 홈페이지의 내용을 참고했습니다. http://www.royalpalace.go.kr

지도 일러스트 ⓒ 최보은

한눈에 보는 경복궁 안내 지도

막상 경복궁에 갔는데 어디에서부터 무엇을 봐야 할지 모르겠다고요?
그럼 '한눈에 보는 경복궁 안내 지도'를 참고하세요.
경복궁에 어떤 건물이 어디에 있는지를 한눈에 볼 수 있도록 표시했습니다.
또 문화재청에서 추천하는 관람 코스도 함께 소개하고 있으니,
경복궁 구석구석을 알차게 관람할 수 있을 거예요!